中国古代著名诗人

徐 潜／主 编

张 克 崔博华／副主编

魏 铭 潘景岩／编 著

吉林文史出版社

图书在版编目（CIP）数据

中国古代著名诗人 / 徐潜主编 . —长春：吉林文史
出版社，2013.4
ISBN 978-7-5472-1533-3

Ⅰ.①中… Ⅱ.①徐… Ⅲ.①诗人-生平事迹-
中国-古代-通俗读物 Ⅳ.①K825.6-49

中国版本图书馆 CIP 数据核字（2013）第 065191 号

中国古代著名诗人
ZHONGGUO GUDAI ZHUMING SHIREN

出 版 人	孙建军	
主　　编	徐　潜	
副主编	张　克　崔博华	
责任编辑	崔博华　董　芳	
装帧设计	昌信图文	
出版发行	吉林文史出版社有限责任公司（长春市人民大街 4646 号）	
	www.jlws.com.cn	
印　　刷	三河市燕春印务有限公司	
版　　次	2014 年 2 月第 1 版　2021 年 3 月第 3 次印刷	
开　　本	720mm×1000mm　1/16	
印　　张	12	
字　　数	250 千	
书　　号	ISBN 978-7-5472-1533-3	
定　　价	33.80 元	

序　言

　　民族的复兴离不开文化的繁荣，文化的繁荣离不开对既有文化传统的继承和普及。这套《中国文化知识文库》就是基于对中国文化传统的继承和普及而策划的。我们想通过这套图书把具有悠久历史和灿烂辉煌的中国文化展示出来，让具有初中以上文化水平的读者能够全面深入地了解中国的历史和文化，为我们今天振兴民族文化，创新当代文明树立自信心和责任感。

　　其实，中国文化与世界其他各民族的文化一样，都是一个庞大而复杂的"综合体"，是一种长期积淀的文明结晶。就像手心和手背一样，我们今天想要的和不想要的都交融在一起。我们想通过这套书，把那些文化中的闪光点凸现出来，为今天的社会主义精神文明建设提供有价值的营养。做好对传统文化的扬弃是每一个发展中的民族首先要正视的一个课题，我们希望这套文库能在这方面有所作为。

　　在这套以知识点为话题的图书中，我们力争做到图文并茂，介绍全面，语言通俗，雅俗共赏。让它可读、可赏、可藏、可赠。吉林文史出版社做书的准则是"使人崇高，使人聪明"，这也是我们做这套书所遵循的。做得不足之处，也请读者批评指正。

编　者

2012 年 12 月

目 录

陶渊明与田园诗

　　陶渊明的诗，最突出的特点便是平淡自然与深厚醇美的统一。他的田园诗写的是平淡的田园风光和农村生活，反映的是归隐后恬淡的心境与情趣。

　　陶渊明的诗，多用白描手法，语言朴素自然，但这并不意味着平淡无味。在田园诗平淡的描写中蕴含着对生活和自然的热爱，表现出他美好的人格和崇高的理想。诗还富有意境，所选的景物多具有鲜明的特征。他的诗还将深刻的哲理融入诗歌，使平凡的素材表现出不平凡的意境。

一、陶渊明生平

宋代地理总志《太平寰宇记》有关于陶渊明家境的记载，说陶渊明"始家宜丰"，是指刚开始家庭挺丰裕的，宜丰旧《图经》也有这种说法。陶渊明29

岁离家去了柴桑，出任江州祭酒、镇军参军，后任彭泽县令。因为在官场上不事权贵，最终弃官隐居栗里（今星子县境内）。52岁时和自己的小儿子陶佟回归宜丰故里，四年后返回浔阳，逝于柴桑。陶佟留居故里。今澄塘镇秀溪、故村等处的陶姓人都是陶佟的后裔。《历代方志》中记载宜丰境内有南山、柳斋、菊轩、东篱、洗墨池、藏书礅、故里桥、靖节桥、我公桥、舒啸台、赋诗湾、顾渊石、醉卧石、渊明洞、读书堂、靖节祠等都是陶渊明遗迹及其纪念建筑。

陶渊明出身于破落的仕宦家庭。曾祖父陶侃是东晋开国元勋重臣，军功显著，官至大司马，都督八州军事，荆、江二州刺史，封长沙郡公。祖父陶茂、父亲陶逸都作过太守，外祖父孟嘉做过征西大将军。

陶渊明年幼时，家庭衰微，8岁丧父，12岁祖母病逝，与母妹三人度日。孤儿寡母，多在外祖父孟嘉家里生活。孟嘉是当时社会的名士，《晋故征西大将军长史孟府君传》中记载他为人行动不苟合，没有夸耀与矜持，在脸上未尝有过喜乐与愠恼的表情。爱好醋酒，但是喝多了也不作乱。至于到了忘怀得意的时候，就旁若无人。这是说他也是一位性情中人，行为坦荡，有很高的修养。陶渊明从小就多受其外祖父的影响，在存心与处世方面，有很多地方追仿其外祖辈的样子。在日后，他的个性、修养，在很多方面都受到其外祖父遗风的影响。外祖父家里藏书多，给他提供了阅读古籍和了解历史的条件，在学者以老庄为本宗而罢黜《六经》的两晋时代，他不仅像一般的士大夫那样学了《老子》、《庄子》，而且还学了儒家的《六经》和文、史以及神话之类的"异书"。

中国古代著名诗人

时代思潮和家庭环境的影响，使他接受了儒家和道家两种不同的思想，培养了他"猛志逸四海"和"性本爱丘山"的两种不同的志趣。

陶渊明少年时代就有要成就大事、报效祖国的大志。孝武帝太元十八年（393年），陶渊明29岁，他怀着大济苍生、为民造福的愿望，任江州祭酒。当时门阀制度森严，但是他出身于庶族，受人轻视，感到不堪忍受，不久就解职回家了。他辞职回家后，州里又来召他做主簿，他也辞谢了。安帝隆安四年（400年），他到荆州，投入桓玄门下作属吏。这时，桓玄正控制着长江中上游，窥伺着篡夺东晋政权的时机。他当然不肯与桓玄同流，做这个野心家的心腹。他在《辛丑岁七月赴假还江陵夜行涂口》诗中写道："如何舍此去，遥遥至西荆。"表明作者不愿离开本地到西荆去，对辅佐桓玄有悔恨之意。在《庚子岁五月中从都还阻风于规林二首》中写道："久游恋所生，如何淹在滋？"对俯仰由人的宦途生活，发出了深长的叹息。隆安五年（401年）冬天，他因丧母辞职回家。元兴元年（402年）正月，桓玄举兵与朝廷对抗，攻入建康，夺取东晋军政大权。元兴二年（403年），桓玄在建康公开篡夺了帝位，改国号为楚，把安帝幽禁在浔阳。他在家乡躬耕于野，闭户高吟，表示对桓玄称帝之事，不屑一谈。

元兴三年（404年），建军武将军、下邳太守刘裕联合刘毅、何无忌等官吏，自京口（今江苏镇江）起兵讨桓平叛。桓玄兵败西走，把幽禁在浔阳的安帝带到江陵。他离家投入刘裕幕下任镇军参军。当刘裕讨伐桓玄率兵东下时，他仿效田畴效忠东汉王朝乔装驰驱的故事，乔装私行，冒险到达建康，把桓玄挟持安帝到江陵的始末，驰报刘裕，实现了他对篡夺者抚争的意愿。做了这样伟大的事件，他高兴极了，在《荣木》第四章中写诗明志，说自己虽然已经40岁了，还默默无闻，但是没有什么可怕的，送给我名车与骏马，路途虽然遥远，但是谁不敢不来呢！刘裕打入建康后，作风也颇有不平凡的地方。东晋王朝的政治长期以来存在"百司废弛"的积重难返的腐化现象，经过刘裕的以身作则，预先下威严的禁令

整顿，也起到了一定效果。"内外百官，皆肃然奉职，风俗顿改"。

陶渊明的性格、才干、功绩，颇有与陶侃相似的地方，刘裕曾一度对他产生好感。但是进入幕僚不久，看到刘裕为了剪除异己，杀害了讨伐桓玄有功的刁逵全家和无罪的王愉父子，并且凭着私情，把众人认为应该杀的桓玄心腹人物王谧任录为尚书事领、扬州刺史这样的重要的官职，这些黑暗现象，使他感到失望。在《始作镇军参军经曲经阿曲伯》这首诗中写道："目倦山川异，心念山泽居……聊且凭化迁，终返班生庐。"表明作者他看惯了这种不同寻常的黑暗社会，想着要隐居山泽。紧接着就辞职隐居。并于义熙元年转入建威将军，江州刺史刘敬宣部下任建威参军。三月，他奉命赴建康替刘敬宣上表辞职。刘敬宣离职后，他也随着去职了。同年秋，叔父陶逵介绍他任彭泽县令，到任八十一天，碰到浔阳郡派遣督邮来检查公务，属吏告诉陶渊明要穿正装束带亲自迎接他。他叹道："我岂能为五斗米向乡里小儿折腰。"于是授印辞去职位。陶渊明十三年的仕宦生活，自辞彭泽县令结束。这十三年，是他为实现"大济苍生"的理想抱负而不断尝试、不断失望、终至绝望的十三年。最后，在辞赋《归去来兮辞》中，作者表明与上层统治阶级决裂，不与世俗同流合污的决心。

陶渊明辞官归里，过着"躬耕自资"的生活。夫人翟氏，与他志同道合，安贫乐贱，"夫耕于前，妻锄于后"，共同劳动，一起过着艰苦朴素的贫苦生活，与劳动人民日益接近，息息相关。在他归田的初期，生活还能过得去，尚可维持。"方宅十余亩，草屋八九间，榆柳荫后檐，桃李罗堂前"，这些都是对其生活状况的鲜明写照。陶渊明爱菊，宅边遍植菊花。"采菊东篱下，悠然见南山"等诗句至今脍炙人口。他天性嗜酒，而且每饮必醉。每当朋友来访，无论贵贱，只要是家中有酒，必与其同饮。他先醉，便对客人说自己醉了，要先睡了，你一会可以自己回家吧。朋友只得自己离去，这些朋友都习以为常，并不计较。义熙四年（409年），陶渊明住地上京（今星子县城西玉京山麓）发生大火，迁至栗里（今星子温泉栗里陶村），生活较为困难。假如逢丰收年，还可以"欢会酌春酒，摘我园中蔬"，过着可以温饱的生活；如果遭遇灾年，则"夏日抱长饥，寒夜列被眠"，只能忍饥又挨饿。义熙末年，有一个老农清晨敲门，带酒与他同饮，劝他出仕："褴褛屋檐下，未足为高栖。一世皆尚同，愿君汩其泥。"是劝他自己在家过着褴褛的生活，其实并不是自己高贵的表现，世间的事都是那样的是非不分，希望陶渊明能出仕做官，那样就不至于这样的生活窘迫了。他在《饮酒》诗中感谢老者的劝诫，说自己参与官场进行学习是可以的，但是违反自己的内心意愿就不好了。意思是说在此共饮就好了，我是不可能再回到官场中去了。陶渊明用温和而不窘迫的语气，谢绝了老农的劝告。

　　他的晚年，生活愈来愈贫困，有的朋友主动送钱周济他。有时，他也不免上门请求借贷。他的老朋友颜延之，于刘宋少帝景平元年（423 年）任始安郡太守，经过浔阳，每天都到他家饮酒。临走时，给陶渊明留下两万钱。但是他全部送到酒家，陆续饮酒。不过，他对于求贷或接受周济是有原则的。宋文帝元嘉元年（424 年），江州刺史檀道济亲自到他家访问。这时，他又病又饿好些天，起不了床。檀道济劝他做为一位贤者入世，如果天下黑暗则可以归隐，天下文明则就可以出仕做官了。现今你生在文明的世道上，为什么对自己如此狠心，不出去做官？他说："潜也何敢望贤，志不及也。"陶渊明用谦虚的口吻回绝了檀道的好意。在檀道赠送陶渊明食品时，陶渊明挥而去之，不留任何东西。他辞官回乡二十二年，一直过着贫困的田园生活，而固穷守节的志趣，越老越坚定。陶渊明的晚年，贫病交加，身体愈来愈衰老。元嘉四年（427 年）九月中旬神志还清醒的时候，给自己写了《挽歌诗》三首，在第三首诗中末两句说："死去何所道，托体同山阿。"表明他对死亡看得那样平淡自然。同年十一月与世长辞。亲友们用俭朴的仪式安葬了他，好友颜延之在《陶征士诔序》中认为他具有"宽乐令终之美，好廉克己之操"的伟大品格，为他立谥号"靖节征士"。

二、陶渊明作品

陶渊明是东晋杰出的辞赋家、散文家、诗人，可谓汉魏南北朝八百年间最杰出的文学家。陶渊明诗歌今存125首，多为五言诗。从内容上可分为饮酒诗、咏怀诗和田园诗三大类。

（一）饮酒诗

陶渊明是中国文学史上第一个大量写饮酒诗的诗人，诗集中共有饮酒诗六十余首，在《陶渊明集序》中，萧统第一次揭示了陶渊明饮酒诗的内涵："有疑陶渊明诗篇篇有酒，吾观其意不在酒，亦寄酒为迹者也。"说他虽然几乎篇篇诗中都有酒，但是陶渊明的真正用意并不在酒上，而是借酒表达自己的心情。以其独特的审美视角解释了陶渊明饮酒诗的深意。古人云："杯中之物堪以乐，一饮魂销万古愁。"综观陶渊明饮酒诗，也可领略到诗人纯真而又质朴的情趣。

他的《饮酒二十首》以"醉人"的语态或指责是非颠倒、毁誉雷同的上流社会，或揭露世俗的腐朽黑暗，或反映仕途的险恶，或表现诗人退出官场后怡然陶醉的心情；或表现诗人在困顿中的牢骚不平。从诗的情趣和笔调看，可能不是同一时期的作品。东晋元熙二年（420年），刘裕废晋恭帝为零陵王，第二年杀掉晋恭帝自立为王，建刘宋王朝。《述酒》即以比喻手法隐晦曲折地记录了这一篡权易代的过程。对晋恭帝以及晋王朝的覆灭流露了无限的哀婉之情，此时陶渊明已躬耕隐居多年，乱世也看惯了，篡权也看惯了。但这首诗仍透露出他对世事不能忘怀的精神。

纵观陶渊明的饮酒诗，可以归纳出以下几个特点：

1. 真心体味自然的美与旷达

陶渊明一生追求"真"、"朴"、"淳"、"自然"，主张回归率性而为的"自然之乡"，憎恶曲意逢迎的官场生活。早年虽有过鸿鹄之志，但都在黑暗浑浊的

 中国古代著名诗人

社会大氛围中磨平了棱角。出于生计考虑虽多次为官，但自己并不快乐，并慨叹自己的为官生涯是"误落尘网中"。可见，诗人对无拘无束的自由生活的向往之情是多么的急切！晋元兴二年（公元403年），诗人因母亲去世，居忧在家，作《和郭主簿》二首，第一首中有"春秫作美酒，酒熟吾自斟。弱子戏我侧，学语未成音"四句，邱嘉穗在《东山草堂陶诗》卷三中评说是陶渊明真性情的自然表露，表达的是陶公自述的素位之乐，他不因为贫贱而慕于外，不因为富贵而动于中，这怎么能是矫情表达出来的？今年园里的蔬果还有余留，去年的谷米还有储存，这表露有一些家底。在消阴中夏这样的一个时节，南风吹拂衣裳，闲适游于六艺，小儿子咿呀学语，在一旁嬉戏，高兴之余举杯弄盏，载酒挥觞，尽享人伦之乐，自是趣味横生。此时陶渊明深切感受到脱离"心为形役"的畅快，便欣然写道："此事真复乐，聊用忘华簪。"

2. 乐天知命的人生体现

陶渊明归田之后的诗《和刘柴桑》中有"谷风转凄薄，春醪解饥劬。弱女虽非男，慰情良胜无"四句诗，可谓是陶渊明的乐天之作。躬耕于田野，东风已渐渐凄薄，薄酒一杯可以解除疲劳，虽说浊酒不如佳酿，但用以调节情趣却是有胜过无的，既有之则安之，正是诗人"乐天知命"人生观的体现。

又如《游斜川》中"中觞纵遥情，忘彼千载忧。且极今朝乐，明日非所求"，正如诗人所说无须太顾虑百年之后的景况，有酒且饮，且为之乐便是人生的一大快事。再如《杂诗》其四中的"一觞虽独进，杯尽须自倾"，《饮酒》其九中的"虽无挥金事，浊酒聊可恃"等均是诗人知命而乐天的精神体现。

3. 以酒会邻的人生态度

陶渊明并没有像当时社会的一些隐士一样，啸聚山林，远离人烟，而是"结庐在人境"，在"与人聚"的自然生存状态中挥洒性情，亦是别有一番乐趣。

《归园田居》其五中有"漉我新熟酒，只鸡招近局。日入室中暗，荆薪化明烛。欢来苦夕短，已复至天旭"几

句，可谓是《归园田居》其四的转折诗篇。《归园田居》其四是悲哀于死者之死，而这一首则表明死者是不可能复还了，而活着的人还可以与人一起共乐啊。所以陶渊明耕种而还家，洗漱完毕之后，即以斗酒只鸡，招待客人长夜共饮。诗人在南野地方开垦荒地，免不了扶犁种庄稼，与农民一样辛勤耕耘。劳作之后与邻居相聚饮酒，酒酣之时，感慨叹气于光阴易逝，欢乐太短，于是众人通宵欢饮。这种田家快乐欢饮的真情真景，令人悠然向往。又如《杂诗》其一"得欢当作乐，斗酒聚比邻"中所体现出来的也正是这种惜时达乐的人生态度。

4. 好德乐道的崇高人品

陶渊明不同于老子"老死不相往来"的小国寡民思想，他认为人的性灵相知在于沟通，在于心与心的交换，而不是将真情藏于冷峻，一味地去追求超脱尘世，这是典型的田园君子的"好德乐道"思想。

《答庞参军》中有"我有旨酒，与汝乐之"，"送尔于路，衔觞无欣"，"岂忘宴宾"等句子，由此可以看出陶渊明高雅脱俗的性情，而且以酒会友，将朋友之间这种笃挚的深厚交情，巧妙地表达出来。这一首诗中的酒反映了诗人的心理渐进过程，将诗人"好德乐道"的思想尽情展现出来。其一、二分别写"酒是我所好的"及"拿酒于朋友同好"；其三则写"同好"之人既然来了，何不以酒招待，以求同乐。主客因旨趣相投，才一天不见，就甚是想念的真挚情感；其四则是写分别之时的酒。世上知音本来就少，而今匆匆聚首，心里的话还没有说尽，就要分别，同德的朋友不知何日再能听到消息；其五则为担忧之酒，魏晋社会动荡，王事更加不稳定，庞参军奉宋文帝刘义隆之命，在上京作乱，此去前程未卜，一杯薄酒表深情。整首诗充满了对友人的关切之情，读之感人，令人为之泪下！

陶渊明饮酒诗风韵独具，读陶渊明的诗如品酒，诗外有酒气，诗内怡性情。

（二）咏怀诗

陶渊明的咏怀诗也有相当的数量。以《杂诗》、《读山海经》为代表。《杂诗》多表现了自己归隐后有志难驰骋的政治苦闷，抒发了自己不与世俗同流合污的高洁人格。可见诗人内心无限深广的忧愤情绪。《读山海经》借吟咏《山海经》中的奇异事物表达了同样的思想感情，如第十首借歌颂精卫、刑天的"猛志固常在"来抒发和表明自己济世志向永不熄灭。

1. 早年咏怀诗

陶渊明出生在一个极端黑暗、民族矛盾和阶级矛盾都异常尖锐的时代。他的家庭是一个急剧没落的官僚地主之家，生活虽困难，但是陶渊明少年有壮志，他在《杂诗》中就回忆说自己在少壮时期，"猛志逸四海，骞翮思远翥"。他积极进取，志在远走高飞，为国立功，在政治上有所作为，对前途充满信心。早年的咏怀诗就表达出这种远大的理想。29 岁前后创作的《命子》诗，前六章称赞陶氏一门传统的高贵，夸耀祖先的功德和恩遇，抒发出他救世济时的远大抱负。诗人希望天下政治清明，像祖先一样，辅佐圣明天子，干一番轰轰烈烈的事业，然后功成身退，流芳百世。诗人深为华发早生，功名未就而抱愧不已。面对"福不虚至，祸亦易来"的残酷现实，对自己还是对下一代，都未放松有所作为的努力。《命子》一类诗题，历来很多诗借它来抒发自己对未来的希望。《命子》诗对后代诗人是有启发的。以轻松愉快的笔调，描写他在家中的闲适生活，与这些描写天伦之乐的诗句一样，充满浓厚的生活气息。

陶渊明写的第一首咏怀诗题叫《杂诗一首》："袅袅松标崖，婉娈柔童子。年始三五间，乔柯何可倚？养色含津气，粲然有心理。"渊明此时才 15 岁，短短六句昂然透出其"少时壮且厉"的远大志向——袅袅松苗，高标百丈之崖，粲然不群，胸怀栋梁之心。他的一生，如同这棵挺立悬崖绝壁之上的孤松，任凭风吹雨打，坚贞不移。字里行间，跳跃着一个意

气风发、斗志昂扬的少年英雄的身影，他热切希望有朝一日，奔赴辽远的北方沙场，收复中原、建功立业。为国家和民族贡献青春和才华。即使到归田的初期，陶渊明仍在抒发自己内心的愤懑。

陶渊明早期除了这种强烈的政治抱负和热情奔放的性格外，同时还具有不慕荣利、洁身自好的情趣。他在《命子》诗里赞扬其父亲不计较进退得失的态度以及对当时黑暗社会不同流合污的清醒认识，表明一种坚贞的人格，这些都反映出诗人所接受的深刻社会影响和心灵深处官与隐两个方面矛盾的萌芽。从他的作品里，可以看到陶渊明很早就既有实现政治理想的要求，又有隐逸的兴趣和思想准备，而对于这个刚刚踏上人生征途的青年诗人说来，壮志豪情、乐观自信的一面，当然起着决定性的作用。

2. 仕宦期咏怀诗

晋太元十八年（393年）到义熙元年（405年），是东晋历史上战乱最频繁、人民最痛苦的动荡时期，也是诗人仕宦从政的时期。这个时期作者的咏怀诗反映了诗人在入仕问题上反复、曲折的思想变化和政治理想的幻灭。

这时陶渊明由于"质性自然"的生活理想始终不能实现，渐渐产生了对仕宦生活的怀疑和否定。其咏怀诗常用山川景物起兴，引出一番身世的感叹，表明其归返家园，坚持个人操守的素志是坚定不移的。综观陶渊明反映仕宦生活的咏怀诗，几乎无一不流露出对田园自然深厚的感情，一直企图摆脱这种为仕宦所拘的"羁鸟"和"池鱼"式的官场生活。

岁月流逝，陶渊明对黑暗政治的认识更趋深刻，对现实社会的愤懑也与日俱增，最后终于在"我岂能为五斗米折腰向乡里小儿"的无比愤慨中，带着"大济苍生"的未竟之志向，像一只离林的归鸟，为了避免成为黑暗社会残酷迫害的目标，离开了污浊的官场，开始了新的更有意义的耕读生活。透过他的作品，不难看出诗人辞官归田的断然举动，绝非一时的感情冲动或意气用事，而是历经宦海浮沉，长期深思熟虑，权衡轻重的结果。

3. 归田时咏怀诗

大概从陶渊明彭泽归来到东晋灭亡，是诗人的归田期。由于这段时期社会背景更加复杂，矛盾更加尖锐：陶渊明从官的江州和荆州地方社会凋敝，刑政更加黑暗多病。"遂令百姓疲匮，岁年滋甚，财伤役困，虑不幸生。"（《宋书·武帝纪》）到处呈现出一片残破零落、民不聊生的凄凉景象，陶渊明也处在水深火热之中：家庭两次遇火，饥寒交迫，生活日渐艰难，过着穷愁潦倒的生活。因而他这个时期的咏怀诗更增强了愤世嫉俗，反映对现实、人生的执着和眷恋。

陶渊明归田之后，政治理想虽破灭了，但他并没有抛却自己的崇高理想而就此消沉颓废，对现实不闻不问，抚今追昔，他内心充满矛盾的痛苦和煎熬，并形诸于咏怀的笔墨。这个时期，是陶渊明咏怀诗发展的高峰期。他的咏怀诗告诉我们，虽然这时陶渊明实现政治理想的希望已彻底破灭，但他并非像有人描绘的那样心平气和、逆来顺受，屈从命运的安排与摆布。而是始终昂首阔步，坚毅地前进在躬耕的道路上，置饥寒困顿于不顾，对现实和人生仍一如既往地关心和执着。只是增添了更多的愤懑和哀愁，进一步坚定了与黑暗势力斗争到底的信念。

义熙十四年（418 年）以后，陶渊明正赶上晋宋两朝易代的社会大变动。这时他的作品应该视为归田后期的作品。在这急遽变化的年代里，诗人晚境更趋悲惨，贫病交加，刚能勉强维持不至断炊的清贫生活。他晚年时期，虽然潦倒如此，但仍以饱满的热情、不屈的斗志，写下三十多首反映政治现实、"金刚怒目"式的光辉诗篇，表达其对当时社会黑暗的憎恶和抗议。

陶渊明晚年时期的咏怀诗，反映了他思想发展的新阶段，把尽情挥洒对现实的不满转为带有浓厚的浪漫主义色彩。俯仰宇宙、上下古今，表现出诗人性格上极其豪放的一面。朱熹在《朱子语类》中称道："渊明诗，人皆说平淡，舍看他自豪放，但豪放得来不觉耳。其露出本相者，是《咏荆轲》一篇，平淡的人如何说得这样言语出来。"这些话是有说服力的。陶渊明不总像一般人那样隐居，无所作为，而是把归隐作为一种自由发表政治条件加以充分利

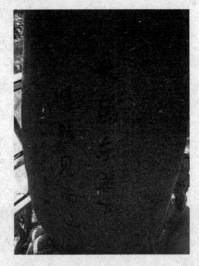

用，通过这种独特的斗争方式而形成千古流传的诗章，流传至今不朽。

除以上两种诗歌之外，陶渊明最重要也是最出色的就是他的田园诗。

（三）辞赋

除诗歌之外，陶渊明文章有辞赋三篇、韵文五篇、散文四篇，共计十二篇。

辞赋中的《闲情赋》是仿张衡《定情赋》和蔡邕《静情赋》而作，是陶渊明一篇非常奇特的作品。赋前有小序，他在序中先评说张衡、蔡邕的同一题材的赋是抒发自己不满的内心世界，起到了讽谏的作用，表示自己此赋纯粹是在时间充裕的情况下的游戏之作。此赋对爱慕之情的刻画极为精细工巧，极为生动逼真，极为别出心裁。萧统对陶渊明推崇备至，称自己对陶渊明的诗文爱不释手，想到陶渊明的德行，恨不能与其在同一个社会。但在作品中却说道陶渊明的这篇《闲情》一赋就像白璧中的小小瑕疵，一无是处。但在现在看来，在当时那种时代居然出现了这样一篇作品真是一个不小的奇迹，而竟然出自一个向来被视为闲云野鹤、隐逸高士的陶渊明之手，更使人感到一份惊喜。

赋文一开始，作者就塑造了一个美丽妖娆、超凡绝俗的女子形象，她有倾城的美色，雅致的性情，飘逸而善感，遗世而独立。正是因为女子的惊人美丽，引出对女子思慕之心、渴念之情的描绘。那种愿与所爱同处而见不得一丝之隙的强烈感情，那种因情到深处而欲进还退的游移踟蹰，在一连串十个"愿"字句中淋漓尽致地表现出来。他一连用了十个排比句，极写他愿意化为所爱女子的衣领、衣带、发膏、眉黛、莞席、丝履、身影、蜡烛、竹扇、鸣琴，希望能与她朝夕相处，永不分离。而每发一愿，又交织着遗憾，因为即使化为这些近身贴体之物，也终有离体之时。原来，这样一个旷世的隐者，他心中对爱慕女子的感情竟然是如此的浓烈而动人！如此的直陈衷情，扫尽尘世的矜持保守、忸怩作态，没有丝毫的矫情，"坦万虑以存诚，憩遥情于八遐"。"虽文妙不足"固是谦虚之辞，"庶不谬作者之意乎"则是自我道白出于真心的最好说明了。陶渊明真率任情，一洗凡人的庸俗，作者的至诚之心，千载之后犹然可见。

作品最后部分极写未与女子同处的怅惘悲哀，日月山川，草木鸟兽，莫不同气共慨。只留得长长的夜不能寐，众念徘徊。满腔深情，万缕闲愁，都付与凄凄北风，一江东水而去！

陶渊明的诗文向以恬淡旷达著称，而这篇赋却写得如此多愁善感，风情旖旎，浓墨重彩，费尽心力。看来"飘飘然"的陶渊明和"金刚怒目式"的陶渊明之外，还有第三种陶渊明，那就是对所恋女子一往情深、心炽如烈火的陶渊明。但无论是哪一种陶渊明，他都有一种以一贯之的内在精神和志趣：任情真率，自然淳朴，毫无矫饰伪装，至诚至性。

另外一篇名赋是《感士不遇赋》，它是仿董仲舒《士不遇赋》和司马迁《悲士不遇赋》而作，内容是抒发门阀制度下有志难骋的满腔愤懑。在文章的开头作者就表达了自己的思想感情：人生百年，转眼即逝，建立功业十分艰难，却得不到应得的赐爵封地。这就是古人慷慨挥笔，一再抒发而难尽其情的缘故吧。能够抒发性情意志的，大概只有文章吧？抚着古人的书卷反复思考，于是深有感触而写下这篇文章。陶渊明年轻时"大济苍生"的宏伟抱负，在当时黑暗的社会根本无法施展。从晋孝武帝太元十八年至晋安帝义熙元年，这十三年中，在官场的陶渊明的正直耿介的性格，与官场的腐朽风气格格不入，几次都是辞官而去。最后一次从彭泽令任上辞职，结束了他的仕途生活。从这时起，他的精神得到极大的解脱，真正走上了躬耕的道路。这篇《感士不遇赋》就深刻说明了作者的雄心抱负无法施展的苦闷心境。

《归去来兮辞并序》是陶渊明辞官归隐之际与上流社会公开决裂的政治宣言。文章以绝大篇幅写了他脱离官场的无限喜悦，想象归隐田园后的无限乐趣，表现了作者对大自然和隐居生活的向往和热爱。文章将叙事、议论、抒情巧妙地融为一体，创造出生动自然、引人入胜的艺术境界。语言自然朴实，洗尽铅华，带有浓厚的乡土气息。这篇文章是一篇脱离仕途回归田园的豪迈宣言，陶渊明以诗人明心慧眼来透视生活，用生花妙笔来点化景物，通过对无拘无束的乡间生活的再现和云淡风轻、明净如洗

陶渊明与田园诗

13

的自然景物的描写，展示了诗人崇尚自然、追求自由的浪漫情怀，也反映出诗人厌恶官场、远离世俗的孤傲之态。人们谈论《归去来兮辞》习惯于称道陶渊明的田园之乐和隐逸之欢，而忽视了潜藏在字里行间的人生悲凉。其实，在诗人抒写欢快喜乐的同时，总是有意无意地使用一些容易引发人们联想到他的酸心隐痛的词句，揣摩、品味这些词句的深层内涵，《归去来兮辞》在某种意义上说也是一篇吐露隐痛，舒展苦闷的心灵悲歌。

（四）韵文

韵文有《扇上画赞》、《读史述》九章、《祭程氏妹文》、《祭从弟敬远文》《自祭文》等。散文有《桃花源记》、《晋故征西大将军长史孟府君传》、《五柳先生传》、《与子俨等疏》等。其中最著名的当属是《桃花源记》。

《桃花源记》是诗人陶渊明创作的一篇脍炙人口的散文。它虚构了一个与黑暗的现实社会相对立的美好境界，寄托了作者的政治理想，反映了广大人民的意愿。《桃花源记》的故事和其他仙境故事有相似之处，描写了一个美好的世外仙界。不过应当强调的是，陶渊明所提供的理想模式有其特殊之处：在那里生活着的其实是普普通通的人，一群避难的人，而不是神仙，只是比世人多保留了天性的真淳而已；他们的和平、宁静、幸福，都是通过自己的劳动取得的。古代的许多仙话，描绘的是长生和财宝，桃花源里既没有长生也没有财宝，只有一片农耕的景象。陶渊明归隐之初想到的还只是个人的进退清浊，写《桃花源记》时已经不限于个人，而想到整个社会的出路和广大人民的幸福。陶渊明迈出这一步与多年的躬耕和贫困的生活体验有关。虽然桃花源只是空想，但能提出这个空想也是十分可贵的。

总的来说，陶文的数量和成就都不及陶诗。但是无论是他的文章还是诗歌，感情都是那么真挚，运笔却是如此朴素自然。但是有时流露出逃避现实、乐天知命的消极的老庄思想，这或许是陶渊明所处的时代造就的。但是不管怎么说，这些都不能埋没陶渊明在中国文学史上的伟大地位。

三、陶渊明在文学史上的地位

陶渊明在中国文学史上有极其重要的地位。仔细地研读过陶诗和了解诗人生平的人，都会知道陶渊明是个外表恬淡静穆，而内心热情济世的无神论者。他从少年时的"猛志逸四海"，到老年时的"猛志固常在"，在晚年常与庐山中的释道交往，这是可以想象得到的事，但要说他们之间在思想上志同道合，恐怕却未必尽然，这些都表明陶渊明始终无法淡忘世事。归田后的他又受到老庄哲学的影响，因为他有过以往文人多不曾有过的田园生活，并且亲自参加了劳动，与劳动人民有了接触，思想上不可避免地得到一些新的感受和启发，因而在崇尚骈俪陈旧文风的晋代，能创造田园诗的新形式，在中国文学史和诗歌发展史上都做出了很大的贡献。

（一）隐逸诗人之宗

钟嵘在《诗品》中说他是隐逸诗人之宗。他的诗文充满了田园气息，他的名士风范和对生活简朴的热爱，影响了一代又一代的中国文人，乃至整个中国文化都深受其影响。陶渊明在中国几乎是个家喻户晓的名字。在中学都学过他的《桃花源记》，很多人会随口念道："采菊东篱下，悠然见南山"；人们也熟知他"不为五斗米折腰"的故事。然而要进一步说出他的故事，恐怕就有点困难了。一个人之所以成为那样的人，总得有很多因素的影响。若要更进一步了解这位隐逸诗人，知道他的生平、多读他的诗文，是必不可少的。

他是个生性热爱自然、不喜拘束的人。正如他在《归园田居》中写道的："少无适俗韵，性本爱丘山。误落尘网中，一去三十年。"让这样的人去做官，每天逢场作戏、官场酬酢，一定是难受

陶渊明与田园诗

得很。当他真正抛弃了所谓的功名利禄之后，一个无限舒展的世界向他敞开了。从他的诗里，我们就可以看出来，他的精神世界迈向了另一个层次："种豆南山下，草盛豆苗稀。晨兴理荒秽，带月荷锄归。"随口念来，让人心怀向往。

东晋是乱世之末，又是佛教风行、崇尚名士风度的时代，只有这样的时代才会造就出陶渊明这样超越世俗的田园诗人。唐以来的许多大诗人，像李白、杜甫、白居易、苏轼、陆游，都非常推崇陶渊明，在艺术创作和人生态度上也深受其影响。陶渊明的诗文代表了"人的觉醒"，也就是说，人不光要有物质生活，精神生活也非常重要。当我们再次念到他的田园诗的时候，便感到了一种来自灵魂深处的自由与舒展。

在《始作镇军参军经曲阿》这首诗中，作者表达了自己对社会现实的不满，表达出要归隐的思想。然后紧接着就辞职隐居，于义熙元年转入刘敬宣部任建威参军。同年三月，他随着刘敬宣离职也去职了。同年秋，叔父陶逵介绍他任彭泽县令，到任八十一天，因为"不为五斗米折腰向乡里小儿"，所以授印辞去其官职。陶渊明仕宦生活的十三年，是他为实现"大济苍生"的理想抱负而不断尝试、不断失望、终至绝望的十三年。最后赋《归去来兮辞》，表明与上层统治阶级决裂，不与世俗同流合污的决心。

然而陶渊明乃晋代大将陶侃之后，世家子弟怎会遁隐山林，甘做农人？归根结底是当时的社会不允许他继续宦海沉浮。归隐之后的他仍心系社稷，渴望建功立业，他也有"猛志逸四海"的雄心壮志，追求大济于苍生的政治理想。陶渊明按照孔子"进德修业，将以及时"的教诲，愿辅佐明君干一番大事，但黑暗的社会现实和阴森的门阀制度彻底粉碎了他的凌云壮志。当时的东晋官场已经极端黑暗腐败，蝇营狗苟，互相倾轧，到处潜伏着杀机，他感到身在仕途不但不能实现人生价值，反而要被迫随俗浮沉，卷入野心家们政治斗争的旋涡，这对于他这个洁身自好的人来说，又是何等的痛苦！以他的身份地位，他又有何能力挽救政局。记得欧阳修形容五代社会是个天地闭陋、贤人隐居的时代，陶渊明所处的时代又何尝不是如此。"缙绅之士安其禄而立朝，充然无复廉耻之色者皆是也"，这句话足以说明当时社会的黑暗。陶渊明不齿于身在其位而不谋其职，于是他选择了离开。

陶渊明的归隐实在是家世不幸导致的。他身逢乱世，怀才不遇，但混乱的社会秩序却让他的诗歌充满了现实的光芒，在扑面而来的清新的田园气氛中可以深深感受到诗人那颗依然胸怀天下的心。这就是陶渊明的高明之处，他的诗歌因他的高明而传唱千年。

初归田园的陶渊明，在南山种豆，在园中栽蔬，在山间濯足，非常惬意！月亮上时荷锄回家，和邻居共饮，荆薪高燃，非常快乐！非常自由！这就是田园生活，他朝朝暮暮盼着的日子，清苦但不乏快乐，陶渊明很满足地享受着生活。

但陶渊明是一个才华横溢、满腹经纶的文人，蓬勃的才气在他体内不安地蹿动着。隐没于田园又如何对得起他耀眼如星辰的才气？走归隐的路，能否实现他的人生价值？又或者说，归隐山林是不是会将他的棱角磨平，让他与山林同化，最终托体同山阿？现在已无据可查他经历了多少次的思想斗争，现在看来只有感谢他当时的选择，感谢他的明智，中国文坛上才得以流传下瑰宝般的陶渊明田园诗。

他选择了一条与世俗眼光相悖的成材道路——于苍穹下寻得一方净土，安静但不颓废地守着自己的乐园。他创造了一个桃花源，在这个桃花源中，他一边辛勤地耕耘着田地，同时又在自己的精神天地里不断收获着。田园生活清新自然，不用虚与委蛇，不用阿谀奉承。他反复比较着归隐与出仕两条道路，终于下了决心：归隐山林。可从《归去来兮辞》中明显看出他的志向：他自述归园田居后的生活，强调从事文学创作的志向与追求，写出了坚持从事文学创作的人生道路将会遇到的困难和克服困难的思想准备，他借托儿女情长而强调守志之理念，写出了保证从文理想的实现所遵循之原则，在当时的那个"万般皆下品，惟有读书高"的年代里，读书然后做官似乎是士子的唯一出路，陶渊明辞官归隐，他的思想不可谓不先进，他的决心不可谓不毅然！

然而是人总免不了有牵挂。陶渊明离开官场后，心情复杂。以其 42 岁所写的《归园田居五首》为例。他离开官场有"久在樊笼里，复得返自然"的欢快，

陶渊明与田园诗

又有"徘徊丘垄间"，所见田园上"桑竹残朽株"，百姓"死没无复余"的悲恸；既有"晨兴理荒秽，带月荷锄归"对力耕执着追求的欣喜，又有"崎岖历榛曲"的怅恨。由此可见，陶渊明的归隐不同于其他的隐者，不像林逋斩断红尘，过着"梅妻鹤子"与世无争的纯隐士日子，完全不理会外面的世界。陶渊明只是换种方式去关心江山社稷，去关注百姓黎庶的生存状况。虽说"百无一用是书生"，但是他的关注也许不能对当时的社会状况起什么大的帮助作用，但他毕竟努力了，他有着文人的良心，他弱小，但他从没妥协过。恬静的田园诗歌犹如利剑针砭时弊。

这种独特的隐居方式，使他的诗歌具有现实的政治色彩，虽然它比较含蓄，不够强烈，然而却是实实在在的，能让人真真切切感受到的。这也是陶渊明的诗歌能够保持长久魅力的一个原因。例如陶渊明曾写过"朝霞开宿雾，众鸟相与飞"这么两句诗，乍看之下，无非是写一个宁静的乡村早晨，有静亦有动，美丽而不失活力。但细嚼之下，便觉颇有深意，他实则是在暗喻改朝后群臣趋附的情状。陶渊明洁身自好，不愿随波逐流，也可从其诗歌中窥见一斑。陶渊明的愤懑常常以酒为托付，以菊设喻。酒是他的生活，潇洒不羁；菊是他的性格，淡泊高洁。就《九月闲居》而言，陶渊明四次写菊，寓意三种比况：如菊之自荣、菊之盛姿、菊之作用等。恰是他从文志向和事业成就的比喻。

陶渊明最值得敬佩的是他的魄力，能够不顾世俗的眼光，毅然隐居。他出身世家，可谓名门之后，并且，他隐居时已过中年，已有子嗣，这一隐居不仅断送了自己的仕途，而且关乎着后代的前途。天下父母心，他的思想究竟经历了多少的煎熬，才痛下决心的？他又背负着多少骂名，妻子儿女又是否理解？从家境尚可的官宦人家到清苦的农家，陶渊明又是靠什么坚定着自己的决心？

对于文人而言，田园的宁静美丽是创作的良好题材，像后来的王右丞，也有不少出类拔萃的田园诗歌。空山新雨，大漠孤烟，都是他在自然中得出的精品。然而陶渊明却是不安于田园的。可见，从文人的角度而言，田园只适于观赏，不适于居住。因为生活总离不了衣食住行，无外乎柴米油盐。文人的肩膀只能扛起诗歌的重量，却不足以肩负起生活的重量。陶渊明算是一个异类。他躬耕自资，苦中作乐。生活虽清苦，但他却养活着一大家子。原本执笔的手被磨出了茧子，但仍不妨碍一首首的经典之作诞生于他的生花妙笔之下。

陶渊明作为中国文学史上的隐逸诗人第一人，为后来历代仕途不顺的诗人做出了退隐修身的榜样。作者就这样在田园生活中一边挥洒着自己的汗水，一边放飞着自己的才气。我们可以看出他对田园生活的欣喜，我们可以窥见他的田园生活的闲适，这些既是他摆脱官场的毅然决然，也是他对未来的憧憬与希望。所以给他冠之以隐逸诗人之宗，一点也不过分。

（二）对士族社会的反抗

晋朝是一个等级分明的社会。中国从来都有等级制，但自从秦始皇之后，还从没有任何一个时代像魏晋南北朝那样，等级制如此僵硬，如此鲜明。说起来，晋朝的等级制划分很明确：士族和庶族。两者之间有难以逾越的鸿沟。在政治上、经济上、社会地位上，士族都占据了绝对主导地位。东晋尤其是士族鼎盛的时代，士族牢牢把持了对国家的统治，这是中国历史上寡头制色彩最重的一个王朝。

士族把各种"优美差使"都变成了自己这个寡头阶层独享的禁脔。朝廷的高官显职，被他们尽数扫入囊中。他们形成了一种世袭制度，子子孙孙地占据显要。严格的世袭制是儿子接替父亲的职位，一些古代帝国的封疆大吏就是这么干的。晋代的士族则不用退休儿子就可以有编制，职位固然不能世袭，但儿孙却可以顺利进入高层这个小圈子。在晋代，一代代的人衰老死去，高层的官员始终出身于这个世代相传的小圈子。

西晋以来就已存在的士族，到了东晋就更进一步形成了特殊的阶级。其中大部分是从北方移去的大姓，少数是原有江南的土著人口。总之东晋朝廷是要靠他们实力的支持，他们因此也就垄断着当时的政权。他们把家谱看得非常重要，与出身寒门的人之

陶渊明与田园诗

间会有鸿沟。"士"这一个阶层与"大夫"不同，是指中下层的知识分子，但是南朝社会里所谓的"士族"却是专指"士大夫"阶层而言的，至于一般"寒士"乃是被冷眼压抑着，因此东晋文坛也就落在以门阀为基础的"士大夫"们手里、这些半贵族的文学，后来演变成了梁、陈的宫体，正是自然的趋势。

作为身处晋末乱世的隐士，陶渊明的出现，正是以他的行动和骄傲来反抗这个"士族"社会的。陶渊明的特点首先在于他的真实朴素，他既没有任何夸张，也没有什么隐瞒，一切如实说来，可是难处不在于此，真正的难处在于如此简单的"如实说来"却能具有最丰富的艺术形象。陶渊明的思想里潜伏着一股深深的不平，这与比他稍晚的鲍照及后来的李白都有相似之处。陶渊明一生的言行，就是对于统治阶级的蔑视与抗议。他的言行为人们所景仰，也就降低了当时世族豪门不可一世的威势。这都是最具有斗争意义的。他对当时豪门所把持的门第社会，有力地冲破了一个缺口。陶渊明远离当时士大夫的门第，接近劳动的农民，无论在思想内容还是文艺形式上，都走着与当时贵族化的文坛相反的道路。他反对剥削，歌颂劳动，并身体力行；他发挥了五言古诗优秀的传统，高度发展了民歌传统上白描的手法；在数量上及诗歌的接触面上都远远超过前代及当代的诗人；他的成就因此成为中国诗史上一个宝贵的收获。正像无数优秀的作家们，都代表一个寒士阶层与统治阶级的对抗，但在这些寒士中，只有陶渊明是真正走向农民的。这就使得陶诗在一切诗篇中，都显得那么素朴淳厚，单纯而又明朗。他的风格是最富有个性的，也是最典型的。在中国文学史上，自屈原以后，仅有少数诗人能以自己的品格构成典型的形象，陶渊明正是这样的，他因此也成为中国最优秀、最伟大的诗人之一。

（三）后世文人对其作品的评价与继承

陶渊明的出现，使得沉寂了将近百年的诗坛，重又获得生命的力量。他不

中国古代著名诗人

仅总结了魏晋古诗，而且也启发了宋以后的新体。他的健康、鲜明的诗句，对平凡的日常生活的歌唱，就是此后诗坛所要走的道路。

陶渊明去世后，他的至交好友颜延之为他写下《陶征士诔》，给了他一个"靖节"的谥号。颜延之在诔文中褒扬了陶渊明一生的品格和气节，但对他的文学成就，却没有充分肯定。陶渊明在我国文学史上的地位，在他死后几十年里，始终没有得到充分的肯定。

梁朝的昭明太子萧统，对陶渊明的诗文相当重视，爱不释手。萧统亲自为陶渊明编集、作序、作传。《陶渊明集》是中国文学史上第一部文人专集，意义十分重大。萧统在《陶渊明集序》中，称赞陶渊明的文章不群不类，与众不同，辞采精巧明丽，跌宕起伏，只有他的作品超越其他各类，而且作品感情抑扬顿挫而又爽朗。

南朝时期，陶渊明的文学地位虽得不到应有的肯定，但他的诗文作品流传越来越广，影响越来越大。

到了隋唐时期，有越来越多的诗人喜欢陶渊明的诗文，对陶渊明的评价越来越高。初唐王绩是一位田园诗人，他像陶渊明一样，多次退隐田园，以琴酒自娱。唐朝的山水田园诗人孟浩然，对陶渊明十分崇拜，他在《仲夏归汉南寄京邑旧游》中写道："赏读《高士传》，最佳陶征君，目耽田园趣，自谓羲皇人。"可见孟浩然对陶渊明的钦佩。

李白更是仰慕陶渊明的人品和诗作。在《戏赠郑溧阳》中写道："陶令日日醉，不知五柳春。素琴本无弦，漉酒用葛巾。清风北窗下，自谓羲皇人。何时到栗里，一见平生亲。"李白那种"安能摧眉折腰事权贵"的思想，和陶渊明"不为五斗米折腰"的精神，是一脉相承的。

安史之乱之后，杜甫过着颠沛流离的生活，他把陶渊明引为知己，在《奉寄河南韦尹丈人》中写道："宽心应是酒，谴兴莫过诗。此意陶潜解，吾生后汝期。"

中唐诗人白居易，非常敬仰陶渊明的为人。公元815 年白居易被贬为江州司马，离陶渊明的家乡浔阳很近。他曾去寻访陶渊明的故居，写下了《访陶公旧

21

宅》这首诗。诗中先用"尘垢不污玉，灵凤不啄腥"，颂扬陶渊明高尚的人格，最后写道："柴桑古村落，栗里旧山川。不篱下菊，空余墟里烟。子孙虽无闻，族氏犹未迁。每逢陶姓人，使我心依然。"在《效陶潜体十六首》中写道："先生去我久，纸墨有遗文。篇篇劝我饮，此外无所云。我从老大来，窃慕其为人。其他不可及，且效醉昏昏。"

到了北宋，陶渊明在中国文学史上的地位，得到了进一步的巩固和确定。欧阳修盛赞《归去来兮辞》说："晋无文章，唯陶渊明《归去来兮辞》尔。"欧阳修还说："吾爱陶渊明，爱酒又爱闲。"北宋王安石曾说过："陶渊明的诗'结庐在人境，而无车马喧。问君何能尔，心远地自偏'，有诗人以来无此句者。然则渊明趋向不群，词彩精拔，晋宋之间，一个而矣。"可见众位诗人对其评价之高。

苏东坡在《与苏辙书》中把陶诗放在李白、杜甫之上，虽有失公允，但他用"质而实绮，癯而实腴"八个字，概括陶诗的艺术风格，还是很准确的。苏东坡一生把陶渊明当成良师益友，不但爱好其诗，更仰慕他的为人。晚年在《与苏辙书》中说："深愧渊明，欲以晚节师范其万一。"

"居高声自远"，由于欧阳修、王安石、苏东坡在北宋文坛上至高无上的地位，他们极力推崇陶渊明，这进一步确定陶渊明在中国文学史上的地位，无疑起到至关重要的作用。

南宋爱国诗人辛弃疾，在报国无门，壮志难酬的苦闷中，把陶渊明引为知己。在《水龙吟》词中说："须信此翁未死，到如今，凛然生气。"辛弃疾留下的词作626首，其中吟咏、提及、明引、暗引陶诗陶文的有60首，几乎每10首词中就有一首与陶渊明有关。辛弃疾在《念奴娇》中称："须信采菊东篱，高情千载，只有陶彭泽。"给予了陶渊明千古一人的最高评价。

元朝、明朝和清朝，直至现代，沿袭了两宋对陶渊明的高度评价。

陶渊明的不朽诗篇，陶渊明的伟大人品，影响了李白、杜甫、白居易、苏东坡、辛弃疾等几代文人的思想和创作。为中国文学的发展和繁荣，做出了不可估量的贡献。

陶渊明的诗文，重在抒情和言志。他的语言，看似质朴，实则奇丽。在平淡醇美的诗句中，蕴含着炽热的感情和浓郁的生活气息。陶渊明的《归园田居五首》，是田园诗的精品甚至极品。苏东坡曾这样评价陶渊明："欲仕则仕，不以求之为嫌；欲隐则隐，不以去之为高。饥则叩门而乞食；饱则鸡黍以迎客。古今贤之，贵其真也。"人贵真，诗亦贵真，诗真乃由人真而来，这就是陶诗具有经久不衰魅力的主要原因。

鲁迅先生说陶潜正因为并非"浑身是'静穆'，所以他伟大"。

梁启超评价陶渊明时曾经说："自然界是他爱恋的伴侣，常常对着他笑。"确如其言，陶渊明在自然与哲理之间打开了一条通道，在生活的困苦与自然的旨趣之间达到了一种和解。连最平凡的农村生活景象在他的笔下也显示出了一种无穷的意味深长的美。

当然，陶渊明毕竟是一个生活在一千多年前封建社会的士大夫，在他的思想和诗文中不可能不存在许多安贫乐道、及时行乐、避世消极的东西。但后世历代的文学评论家和诗家出于自己的阶级偏爱，多着重欣赏和赞扬他这方面的特点，认为这才是陶诗的精华所在。

陶渊明与田园诗

四、陶渊明与田园诗

（一）田园诗的产生

田园诗是古希腊学者忒俄克里托斯首创的。他传下的诗有二十九首，这些诗描写西西里美好的农村生活和自然风景，清新可爱。古希腊的田园诗对后世欧洲带有贵族倾向的诗歌有很大的影响。后来就把歌咏田园生活、农村景物和农民、牧人、渔夫等的劳动为题材的诗歌称为田园诗。

在中国，很早就有田园描写的诗歌。如：我国第一部诗歌总集《诗经》中关于田园风光的描写，还有《楚辞》中对山水也有所描绘。但是这些并不是真正的田园诗，它们只是作为抒情主人公活动的背景或比兴的媒介，不过这些对于田园山水风景描写的诗词，为田园诗的发展开创了先河，为其发展奠定了基础。

现在的人们把以反映田园生活、描绘田园山水风光为主要内容的诗称为田园诗。田园诗虽然与山水诗并称，但是它们并不是两类相同的题材。田园诗是描绘田园风物的诗歌，重点写农村的风光，但其主要是描写农村生活、农夫和农耕。中国田园诗起源于东晋陶潜，至盛唐时期王维、孟浩然诸人发扬光大。唐代田园诗描绘了农村的美丽风光和淳朴人情，流露出对农村生活的热爱。这是知识分子对农村的赞赏，有羡慕清静和闲适的情趣。而山水诗则是描写自然风光为主，是在表现山水之美，抒发观赏山水时的心境、感受的诗歌。山水诗标志着人与自然的进一步沟通与和谐，标志着一种新的自然审美观念和审美情趣的产生。诗人对山水的审美往往与旅行联系在一起。《诗经》、《楚辞》中都有描写山水的成分，尤其是《楚辞》中的某些篇章，不仅较细致地写出了山水形貌，且颇具意境。但是这些也是如田园诗在《诗经》、《楚辞》中的地位一样——并非为表现山水之美而作，只是作为背景和比兴的媒介。

（二）陶渊明与田园诗

东晋大诗人陶渊明是中国诗歌史上田园诗歌的开山鼻祖。陶渊明的田园诗数量最多，成就最高。这类诗充分表现了诗人鄙夷功名利禄的高远志趣和守志不阿的高尚节操；充分表现了诗人对黑暗官场的极端憎恶和彻底决裂；充分表现了诗人对淳朴的田园生活的热爱，对劳动的认识和对劳动人民的友好感情；充分表现了诗人对理想世界的追求和向往。作为一个文人士大夫，这样的思想感情，在文学史上，这样的内容是前所未有的，尤其是在门阀制度和观念森严的社会里显得特别可贵。

陶渊明躬耕自资，在现实的劳作过程中提炼出生活的美丽。身体力行使陶渊明的田园诗真实而动人。陶渊明的田园诗，读来初觉平淡，再咏则有"平中蕴奇、枯木茂秀"之感，诗人对于语言文字的提炼和运用达到了很高的造诣，他把自己对自然和田园生活的热爱之情融入到诗作之中，使人读之仿佛身临其境，在自然恬静的田园中漫步一样，给人以无穷的遐想。正所谓看似寻常但是成稿却是最为奇崛，貌似容易却充满艰辛。

陶渊明的田园诗大多是悠然自得、怡然自乐的乡村生活的写照，透过文字我们看到"面山结庐、抱膝吟歌、采菊观日、笑傲风月"的隐者形象。静谧的山林与倦飞的鸟儿与诗人问答，这时作者的心境不是用语言所能描述的。诗人不愿与世俗同流，对自然和田园生活的向往也可表现一斑。同时也可以看出诗人对于事物的表现手法和意境的延伸是非同寻常的，寥寥数语就将对生活的态度、对自然的热爱、对事物的描写、对世事的鄙视，表现得一览无余。这也是陶公诗作一种特有的风格。

陶渊明的田园诗中也有一些是反映自己晚年困顿状况的，可使我们间接地了解到当时农民阶级的悲惨生活。陶渊明的《桃花源诗并记》大约作于南朝宋初年。它描绘了一个乌托邦式的理

 陶渊明与田园诗

25

想社会。表现了诗人对现存社会制度彻底否定与对理想世界的无限追慕之情。它标志着陶渊明的思想达到了一个崭新的高度。陶渊明是田园诗的开创者。它以淳朴自然的语言、高远拔俗的意境，为中国诗坛开辟了新天地，并直接影响到唐代田园诗派。在他的田园诗中，随处可见的是他对污浊现实的厌烦和对恬静的田园生活的热爱。在《归园田居》中，他将官场写成"尘网"，将身处其中比喻为"羁鸟"和"池鱼"，将退隐田园更是比喻为冲出"樊笼"，返回"自然"。因为有实际劳动经验，所以他的诗中洋溢着劳动者的喜悦，表现出只有劳动者才能感受到的思想感情，如《归园田居》第三首就是有力的证明，这也正是他的田园诗的进步之处。

陶渊明开创田园诗，给后代田园诗开拓了极高的精神境界，然而后人往往达不到陶渊明的思想高度。虽然后来也出现过田园诗的大家，如王维、林逋，但王维之田园诗，美则美矣却略嫌单薄；而林逋其人，完全是一个超脱世外的隐者，读其诗歌只羡慕他有着纯净的生活。而陶渊明的诗歌却截然不同，他的诗里有血有肉，有苦有甜。因此当真可谓"前无古人，后无来者"。陶诗中的理想田园，在唐代便逐渐变质。虽然在宋代又使田园诗有了一丝泥土的气息，可诗人们终究难以回归真正的田园。

陶渊明开创了田园诗体后，唐宋等诗歌中的田园诗，便主要变成了隐居不仕的文人和从官场退居田园的仕宦者们所作的，以田园生活为描写对象的诗歌。自古以来，人们只把陶渊明描写农村景色和田园生活为主的作品作为典范，一般认为应把反映田家农事，农村生活，农民形象的田家诗、农村诗，都纳入田园诗范畴。陶渊明开创了田园诗一体，把古典诗歌发展到了一个新的境界，至唐朝已形成了以王维、孟浩然为代表的山水田园诗派，王维善于表现自然中静态事物的动态之美，如"明月松间照，清泉石上流"（《山居秋暝》)，就可以看出陶诗的影子。南北朝诗人谢灵运一句"池塘生春草，园柳变鸣禽"就是他刻意模仿陶诗的杰作，后代许多大诗人如白居易、苏轼等，无不受到陶渊明诗风的影响。

千百年来，陶渊明的田园诗备受欢迎。因为在其田园诗中，诗人以我手写我心，把自己的喜怒、爱憎、理想、希望不加掩饰地表露出来，真可谓"情真、景真、事真、意真"。前人在讨论陶渊明田园诗的时候常冠以"质朴自然"之语，朱熹也评说他的诗"平淡出于自然"。我们发现，诗人常常融主观感情于常见景物之中，将兴寄与自然美融为一体，构成了其作品乍看好像散缓，但是熟视之后就发现其奇趣丰富的意境。

从内容上看，陶田园诗所取材的多是普通、平常的农村景物和农村生活，诸如草堂、宅院、树木、花果、村舍、炊烟、鸡犬以及桑麻之类，这些农村景象信手拈来，与自己的生活、志趣融合起来，无不充满奇趣盎然的诗意。陈师道就评价说渊明不写诗，只是写其胸中的妙想而已。的确，陶渊明从不为作诗而作诗，而是写其胸中之意趣。"暧暧远人村，依依墟里烟"，"采菊东篱下，悠然见南山"，"相见无杂言，但道桑麻长"等等，这些充满生活情趣的诗句确使人感到好像从胸中自然流出，毫无矫揉造作之感。

陶渊明能作自然之诗，因为他心中有自然之田园。因此，陶渊明的田园乃是自然本色的真田园。然而陶渊明在田园生活中的思想感情是极其复杂的，这导致他的田园诗的内容也丰富多彩。在《读史述屈贾》中表露，陶渊明也是希望能做稷契一类的人物的。但是当他壮志不得伸展而转托田园之后，虽然努力使自己满足于田园生活的乐趣，有时甚至企图以醉酒忘世，或者用道家顺应自然的态度对待人生，但这些都不能完全消除他壮志未遂的苦闷。从《杂诗》第二首中我们可以看到诗人在光阴虚掷中极度矛盾不安的心境。诗人也一直没有丢掉疾恶与除暴之心。在《读山海经》第十一首中，诗人大呼"明明天上鉴，为恶不可履"，用《山海经》中所记载的神话传说指出"肆威暴"的人，必然会有悲惨的结局。在《咏荆轲》一诗中，诗人热情地歌颂不惜牺牲生命而勇于除暴的壮士荆轲说："其人虽已没，千载有余情。"《读山海经》第十首还歌颂了精卫和刑天虽死不屈的精神，这些都表现出作者内心的伟大抱负。

这些无疑都是诗人不屈的意志的表现。"猛志故常在"，说明诗人心中永远燃烧着一股不熄的火。上述这

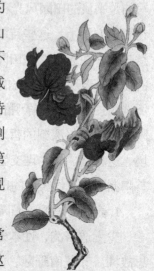

"金刚怒目式"的一面是诗人性格和创作不可分割的一个重要部分。除此以外，从《拟古》的"少时且厉，抚剑独行游。谁言行游近？张掖至幽州"，和他听见关中收复以后在《赠羊长史》诗中写的"九域甫已一，逝将理舟舆"等诗句，我们还可以看到他关怀中原收复的爱国热情。

　　陶渊明还有一些田园诗描写了田园生活的贫困。《示庞主簿邓治中》说："夏日长抱饥，寒夜无被眠；造夕思鸡鸣，及晨愿乌迁。"《有会而作》说："弱年逢家乏，老至更长饥；菽麦实所羡，孰敢慕甘肥！"这些诗虽然只是描述他自己晚年每逢天灾屡受饥寒的境遇，但是我们也可以从中想见当时农民们更加悲惨的生活情景。

　　总之，陶渊明开创了田园诗一体，为古典诗歌开辟了一个新境界。

（三）陶渊明田园诗名篇赏读

　　陶渊明的诗，最突出的特点便是平淡自然与深厚醇美的统一。他的田园诗写的是平淡的田园风光和日常的农村生活，反映的是归隐后恬淡的心境与情趣。在表现方法上，这些诗歌多用白描手法，语言朴素自然，少见华丽，但这并不意味着平淡无味。在田园诗平淡的描写中蕴含着陶渊明对生活的热爱和对自然的热爱，表现出他美好的人格和崇高的理想。同时陶渊明的田园诗还富有意境，所选的景物多具有鲜明的特征，且饱含着诗人的感情，体现了诗人的个性特征。陶诗还善于将深刻的哲理融入诗歌的形象中，使平凡的素材表现出不平凡的意境，这种情、景、理交融形成的意境十分和谐，往往令人神往。下面就列举几首陶渊明具有代表性的田园诗来赏析一下。

　　1. 表明心境的《归园田居》

　　少无适俗韵，性本爱丘山。误落尘网中，一去三十年。羁鸟恋旧林，池鱼思故渊。开荒南野际，守拙归田园。方宅十余亩，草屋八九间。榆柳荫后檐，桃李罗堂前。暧暧远人村，依依墟里烟。狗吠深巷中，鸡鸣桑树颠。户庭无尘杂，虚室有余闲。久在樊笼里，复得返自然。

《归园田居》共五首，这是其中的第一首。开头八句写归田的原因，可以说是整组诗的总序，以议论出之，跌宕飞动，而结到"归园田"之上；"方宅"以下十句写田园景象，天然逼真，是一幅生动的村居图；最后两句换笔另收，与起首一段呼应。全诗以质朴真淳的语言写就，而音节铿锵，元气淋漓，得自然之美。

从其诗中我们能看到这样的结构图：摈弃世俗回归本性——田园美景村居之乐——本性复苏心旷神怡。

起首四句，先说个性与既往人生道路的冲突，可以说是他对归隐前13年生活的总结。韵、性，都是指为人品格与精神气质。"适俗韵"即适应世俗的情趣，它无非是逢迎世俗、周旋应酬、钻营取巧的那种情态和本领吧，这是诗人从来就未曾学会的东西。作为一个真诚率直的人，其本性与淳朴的乡村、宁静的自然，似乎有一种内在的共通之处，所以"爱丘山"。前两句表露了作者清高孤傲、与世不合的性格，为全诗定下一个基调，同时又是一个伏笔，它是诗人进入官场却终于辞官归田的根本原因。但是，人生常不得已。作为一个官宦人家的子弟，步入仕途乃是通常的选择；作为一个熟读儒家经书、欲在社会中寻求成功的知识分子，也必须进入社会的权力组织；便是为了供养家小、维持较舒适的日常生活，也需要做官。所以不能不违逆自己的"韵"和"性"，奔波于官场。回头想起来，那是误入歧途，误入了束缚人性而又肮脏无聊的世俗之网。一个"误"字，显示了作者对官场生活的厌恶和误入官场的悔恨交加的情绪。"一去三十年"，这一句看来不过是平实的记述，但仔细体味，却有深意。诗人对田园，就像对一位情谊深厚的老朋友似的叹息道："呵，这一别就是三十年了。"内中多少感慨，多少眷恋但，写来仍是隐藏不露。

接下来作者以"羁鸟"和"池鱼"作对比和衬托，说明自己跟"羁鸟"和"池鱼"一般早有摆脱官场束缚、返回田园隐居的强

烈愿望，现在终于做到了隐居躬耕，保持了质朴的本性。"拙"，《辞海》解释为："笨拙，与'巧'相对。《老子》：'大巧若拙。'"诗句中的"拙"即朴拙，含有原始本真的意思，与世俗的虚伪机巧相对，强调自己不会适应世俗的潮流，并以此自许。

后来是作者对自己家境状况的描绘：在方圆十几亩的宅基上，有八九间简陋的茅舍，枝高叶密的榆树柳树，树荫遮住了房子的后檐；桃红李白的果树，排列在屋子的前边。远处的村庄隐约可见，村落里缭绕着一缕缕轻柔的炊烟。深巷里传来了阵阵的狗叫声，树顶上公鸡正在啼鸣。

前四句是近景，虽普普通通、平平常常，但对于挣脱"尘网"的人来说，却是另一个天地：土地，草房；榆柳，桃李；村庄，炊烟；狗吠，鸡鸣……这些平平常常的景物，在诗人笔下，构成了一幅十分恬静幽美、清新喜人的图画。在这画面上，田园风光以其清淡平素的、毫无矫揉造作的天然之美，呈现在我们面前，使人悠然神往。这不是有点儿像世外桃源的光景吗？这些描写初读起来，只觉得自然平淡，其实构思安排，颇有精妙。"方宅十余亩，草屋八九间"，是简笔的勾勒，以此显出主人生活的简朴。虽无雕梁画栋之堂皇宏丽，却有榆树柳树的绿荫笼罩于屋后，桃花李花竞艳于堂前，素淡与绚丽交掩成趣，语句间流露出作者心满意足的欣慰情绪。后四句是远景。"暖暖远人村，依依墟里烟"，给人以平静安详的感觉，好像这世界不受任何力量的干扰。从近景转到远景，犹如电影镜头慢慢拉开，将一座充满农家风味的茅舍融化到深远的背景之中。画面是很淡很淡，味道却很浓很浓，令人胸襟开阔、心旷神怡。而"狗吠深巷中，鸡鸣桑树颠"，则是以动映静、以有声衬无声，更显得乡间的宁静、和平。在这里，不仅流露出诗人对田园风光的由衷喜爱，而且这淳朴、幽静的田园景色与虚伪欺诈、互相倾轧的上层社会形成鲜明的对比。

"户庭无尘杂，虚室有余闲。久在樊笼里，复得返自然。"——因为没有尘俗杂事的缠扰，所以室中空寂，身心也有余暇。现在得以归田隐居，好像长期被关在笼中的鸟儿又得以重返大自然一样！

30

这四句诗与开头首尾呼应，强化了与上层社会彻底决裂的主题。此时诗人"如负重乍释，直觉快乐"，"虚室"简朴空寂居室，同时也指虚空纯净的内心。《庄子·人间世》有"瞻彼阕者，虚室生白"。即指虚空的意思，即淡忘仕途名利之意。诗人为什么对归隐之后的茅屋草木、鸡鸣狗吠津津乐道、如数家珍呢？原来是"久在樊笼里"的缘故。这"樊笼"即开头的"尘网"，是禁锢人的牢笼和罗网，使人有"羁鸟"、"池鱼"之惑。既然如此，那么一旦冲出罗网，返回大自然的怀抱，当然其乐无穷，触目皆春了，即使一草一木也格外感到亲切而欣慰。在经过"密网裁而鱼骇，宏罗制而鸟惊"的出仕之后，大自然的一切都是使陶渊明神往的。当然，诗中所写的景象，并不一定是经历战乱之后的广大农村的真实情景，这只能联系诗人特定的环境和特定的思想感情去理解。归隐本身含有独善其身消极避世的因素，这一点也不应苛求古人。

诗人把统治阶级的上层社会比喻作"尘网"，把其中之人比喻作"羁鸟""池鱼"，把退隐田园比喻作冲出"樊笼"，重返"自然"，感情色彩十分鲜明，比喻非常形象、准确。

优美的抒情诗，一般都能使描绘的生活图景和表达的思想感情交融在一起，形成一种艺术境界，能使读者通过想象觉得如同身临其境，感受到一种意境美。在这首诗里，我们所接触到的不是互不相关的方宅草屋、榆柳桃李、傍晚的村落、墟里的炊烟、深巷中的狗吠、桑树颠的鸡鸣，而是由这些具体的景物构成的一种宁静安谧、淳朴自然的意境，使人深深体味到作者那淡泊恬静的生活情趣，真正达到了情景交融的至臻完美的艺术境界。

我们再看陶渊明的《归园田居》第三首：

种豆南山下，草盛豆苗稀。晨兴理荒秽，带月荷锄归。道狭草木长，夕露沾我衣。衣沾不足惜，但使愿无违。

这首诗用语十分平淡自然。"种豆南山下"、"夕露沾我衣"，朴素如随口而出，不见丝毫修饰。这自然平淡的诗句融入全诗醇美的意境之中，则使口语上升为诗句，使口语的平淡和诗意的醇美和谐地统一起来，形成陶诗平淡醇美的艺术

陶渊明与田园诗

特色。这两句写在南山下种豆，草很茂盛，豆苗却稀稀疏疏的。起句很平实，就像一个农民站在那里说话，让人觉得很亲切。为了不使豆田荒芜，诗人一大早就下了地，到了晚上才披着月光回来。虽然很辛苦，但他并不抱怨，这从"带月荷锄归"的美景就可以看出来。路窄草长，夕露沾衣，但衣服打湿了有什么可惜的呢？这句话看似平淡，但这平淡正好映射了结尾这一句"但使愿无违"，使得"愿无违"强调得很充分。从表面上看，这首诗写的是田园劳作之乐，表现的是归隐山林的遁世思想；但把这首诗和其他的诗对比来看，作者的"愿"其实有特殊的内涵。这里的"愿"更蕴含了不要在那污浊的现实世界中失去了自我的意思。

2.抒发情感的《拟古》：

仲春遭时雨，始雷发东隅。众蛰各潜骇，草木纵横舒。翩翩新来燕，双双入我庐。先巢故尚在，相将还旧居。自从分别来，门庭日荒芜。我心固匪石，君情定何如。

晋安帝义熙元年，陶渊明弃官归隐，从此开始躬耕自资的生涯。义熙十四年，刘裕杀安帝，立恭帝。元熙二年（420年），刘裕篡晋称宋，废恭帝，并于次年杀之。已经归隐十六七年的陶渊明，写下了一系列诗篇，寄托对晋朝的怀念，和对刘裕的愤慨。《拟古》九首，联章而为一组。这里是其中的第三首。春天来了，燕子双双回到自己的草庐。一年来自己的门庭日见荒芜，但仍然坚持着贫穷的隐居生活。有些朋友并不理解自己的态度，一再劝说出仕。可是燕子却翩翩而来，丝毫也不嫌弃它们的旧巢以及自己这个贫士。似乎燕子在问诗人：我的心是坚定的，你的心也像我一样坚定吗？这首诗好像一个美丽的童话，浅显平淡却有奇趣。

诚如元代吴师道在《吴礼部诗话》所评说的那样，此篇诗句虽托物言志而不背弃作者内心原义。那么，陶渊明的弃官归隐，与不背弃晋朝之间，是不是有矛盾呢？其实并不矛盾。义熙元年陶渊明弃官归隐之际，东晋政权实已掌握在刘裕手中。《宋书·陶潜传》中指出陶渊明在改朝换代的情况下，以辅政为耻。到了晋代灭亡以后，陶渊明的诗文，也绝不书写宋代的年号，即不奉其正朔。如实地说，归隐之志与故国之思在渊明原是一致的，用传统文化的语言说，这就是节义。品节道义，是陶渊明一生之立身根本。

这首诗的艺术特色，令人称道的地方实在太多。首先是极为风趣又极具风骨。诗人与燕子的对话，十分风趣幽默。在这份风趣和幽默之中，却蕴藏着一种极严肃的人生态度，极坚贞的品节，这是诗歌史上一篇别开生面的优秀作品。其次，是以众蛰惊雷、草木怒生的大好春天，与没有人可以对话、只能和燕子对话的孤独寂寞相对照，从而默示出诗人悲怀之深沉。大好春光愈热闹，则诗人之孤独寂寞便也越突出，其悲怀之深也越突出。再次，是语言平淡自然而有奇趣。全诗语言读来平淡自然，可是细心体会，诗人用"时"、"始"、"舒"、"新"等语，表达春天一到大自然就发生的那种最新变化，是多么锐敏、精当。用"我心匪石"的成语，中间又用一个"固"字，表达故国之思，其从容不迫之中，又是何等的坚卓挺拔。人们常说陶渊明诗是绚烂归于平淡，其实，要从平淡自然之中，见出其奇趣精彩，尤其是一段绚烂的精神，这才是不枉读陶渊明之诗。

以上举的例子只是陶渊明众多的田园诗中的一小部分，但是却能看到陶渊明田园诗的整体的魅力与作者内心的旷达，作者对田园生活的情有独钟，要想真正的理解好陶渊明这个伟大的田园诗人，那么对他的田园诗进行品读是不可缺少的。

（四）独具魅力的陶渊明田园诗

陶渊明是我国魏晋南北朝时期最杰出的诗人，也是我国古代诗歌史上的伟大诗人之一。他的诗歌以田园生活为题材，开创了田园诗歌新的艺术境界，使田园诗歌在唐宋以后成为诗歌的重要内容。他自幼受儒家正统思

想的熏陶，同时也受老庄思想和当时盛行的隐逸风气的影响，具有爱慕自然，企羡隐逸的思想。腐败、黑暗、污浊的社会现实，不仅使他济世的抱负根本无法实现，还得降志辱身，小心谨慎地周旋于风浪险恶的官场，这种生活使他倍感矛盾和痛苦。他在41岁任彭泽令时，辞官归隐，坚决走上了躬耕自给、洁身守志的归田道路。

归田以后，诗人通过对无限美好的田园风光的描绘，表达了对自然纯真的田园生活的歌颂，广大人民追求美好生活的理想和愿望的反映。在当时玄言诗笼罩诗坛的情况下，作者一反玄言诗的脱离实际和枯燥无味，别开生面，为我国创作了第一流的诗歌。他的诗以全新的内容，淳朴自然的风格，为我国古典诗歌开拓了一个新的领域——田园诗，从而成为田园诗派的创始人。陶渊明的诗歌现存一百二十多首，多写于归田之后，故田园诗占了很大的比例。他的田园诗风格亲切纯真，平淡自然；意境浑融完整，高远入化，且富有真淳隽永的理趣；语言精工凝练，本色自然，不加雕饰。这些特色充分体现了他的独特的审美情趣、艺术追求和美学观点以及物我一体，心与道冥的人生境界，奠定了后世田园诗的艺术风格特色，对后世诗歌的发展从内容到形式产生了广泛而深远的影响。

1. 对田园的热爱与回归

陶渊明的田园诗没有感人的情境，没有着意雕琢的语言，却脍炙人口，极具艺术魅力，其主要原因之一，就是诗里充满了作者对田园的热爱与回归的强烈情感。作者的喜忧悲愁之情，无不流露于作品的字里行间。在作品《辛丑岁七月赴假还江陵夜行涂口》与《归园田居》（其一）中，就表露了作者对自己早年离开田园、误入官场无比后悔之情；在《杂诗》（其二）中则表现了作者隐居时内心十分忧愤苦闷的感情；在《饮酒》（其五）中更是洋溢着作者无比欣喜欢畅的感情；在散文中作者更是将自然环境、社会环境，人们的生活、生产劳动及精神面貌等写得淋漓尽致。绘声绘色，动的美、静的美浑然融合为一体，反映了身处乱世，躬耕于田园的贫贱之士对美好社会的憧憬，再现了作者早年未遂的"大济苍生"的理想。

他像一只傍晚归巢的鸟，一头扑进生他养他的母亲——田园的怀中。他"性本爱丘山"，爱家乡，爱田园生活，他误入官场生活三十年，此时后悔不已……

陶渊明的田园诗有的是通过描写田园景物的恬静，田园生活的简朴，表现自己悠然自得的心境。或春游，或登高，或酌酒，或读书，或与朋友谈心，或与家人团聚，或濯足于檐下，或采菊于东篱，以及在南风下张开翅膀的新苗，日见茁壮的桑麻，无不化为美妙的诗歌。诗人通过对无限美好的田园风光的描绘，自然纯真的田园生活的歌颂，自己躬耕同农民友好交往的欢悦心情的倾吐，广大人民追求美好生活的理想和愿望的反映，将自己对官场黑暗的极端厌恶和对美好田园生活的向往表达得淋漓尽致。他的田园诗风格平淡自然，亲切真挚，然而却独具匠心，笔法清新，描写细腻，以情化理，理入于情，达到了哲理性与形象性的统一。

陶诗沿袭魏晋诗歌的古朴之风而进入更纯更熟的境地，他成功地将自然提升为一种美的至境，他创造了中国诗歌意境中一种新的美的类型，一种意蕴极为醇厚而又朴实无华的平淡美，这一切的取得与其丰富的人生体验是分不开的，如果没有田园生活的体验，也写不出这些广为传诵的田园诗。

2. 儒道兼具的双重思想的体现

道教产生于东汉末年，是生长于中国本土的宗教。它以道家学说、神仙思想为主，广泛地吸收了古代文化的各个方面。传统的鬼神祭祀，原始宗教的巫术迷信、禁咒、符箓，汉代的谶纬神学，导引行气、服食炼养、辟谷延年的方术，综合起来形成了道教复杂的内容。它的势力相对而言较弱，故往往跟儒家联合，与佛教抗争。因为它吸收儒家的伦常观念，重视封建道德修养，认为伦理道德修养是修道成仙的必要条件；也不否定儒家的"修齐治平"思想，只是以其为末，而以成仙为本，有本末轻重之分。因此，在维护封建统治方面，儒道两家的

目的是一致的。这也是历代封建帝王儒道并重的根本原因。

魏晋南北朝时期，封建统治者利用儒家思想对原始道教进行了改造，使之成为与儒家思想同样重要的维护封建统治的有力工具。陶的思想基本上是儒家的，但后来也一定程度上受了道家的影响。他少有济时之志，后屡遭挫折又放弃了这种理想，但能坚持志节，不肯随俗浮沉。可惜他终于"委运乘化"，顺应天命，对世事持消极不问的态度。他归田以后，参加了一部分生产劳动，跟农民平等相处，这是他思想进步的一面，对于他的文学成就起了很大的作用。

陶诗不仅开拓了田园诗这一诗歌题材的新天地，而且在田园诗的艺术上取得了重大的成就。他的诗是一种新的开创，将日常生活诗化，在日常生活中发现重要的意义和久而弥淳的诗味，在他以前屈原、曹操、曹植、阮籍、陆机等都着重于关于国家政治的题材，陶着重写普普通通的生活，用家常话写常事，写得诗意盎然。

陶渊明将自己的所有才华和精力都倾注到田园诗的创作上，取得了无以伦比的成就，一下子便将田园诗推向了峰巅。清人沈德潜说："陶诗胸次浩然，其中一段渊深朴茂不可到处。唐人祖述者，王右丞有其清腴，孟山人有其闲远，储太祝有其朴实，韦左司有其冲和，柳仪曹有其峻洁，皆学焉而得其性之所近。"可见唐代田园诗人各自从陶渊明的田园诗中吸取了某一方面的长处，而不能从整体上超越陶渊明。

陶渊明的田园诗在今天，仍有不可替代的审美价值，备受现代人关注。

3. 质朴无华的语言与真率性情的内容

质朴，是语言的一种艺术，也是美的必要条件。宋代文人李涂在《文章精义》中就说道："文章不难于巧而难于拙，不难于曲而难于直，不难于细而难于粗，不难于华而难于质。"真正质朴自然的语言，应该如同"清水出芙蓉，天然去雕饰"这样的语言，有助于表达真情实感。陶渊明的田园诗，语言风格质朴无华，从不雕琢。从外表看，它朴实素淡，天然无饰，然而"念在嘴里倒像有几千斤重的一个橄榄"，经得起反复咀嚼品味，发人深思。如"种豆南山下，草盛豆苗稀"，"今日天气佳，清吹与鸣弹"，"夏日长抱饥，寒夜无被眠"，全都明白如话，好像绘画中的白描，给人以清新自然之感。但他的诗并不枯燥乏味，他善于用简洁的笔墨，描绘出最生动的形象，并赋以深厚的意蕴。"晨兴理荒秽，带月荷锄归"，只"带月"二字，那种农村的黄昏景象，劳动后的愉悦轻松，便呈现出来。"山气日夕佳，飞鸟相与还"，只是一个"佳"字，就把傍晚时分的山色鸟影完全勾画出来。这些词句铅华洗尽，出语天然，但其中的丰采韵味，却是相当浓厚的。

陶诗的自然，看不到刻意雕琢的痕迹，出于其"质自然"的气质和性情。陶渊明从小生活在乡村，朝夕和美好的山水田园接触，庐山、鄱阳湖的水光山色陶冶了他的审美情趣，所以他从小就热爱自然。当然，陶诗中自然流露的意趣，主要还是他亲历躬耕的切身感受。劳动的艰辛，生活的贫困，并未使诗人甘于平庸，随遇而安，反而激发了他创作的热情。因此，陶渊明的田园诗乃是物质的自然和心中的自然的完美结合。

诗仙李白与浪漫主义诗歌

　　李白（701-762年），字太白，号青莲居士。我国唐代伟大的浪漫主义诗人，被后人称为"诗仙"，与杜甫并称为"李杜"。其诗风格豪放、飘逸、洒脱，想象丰富，语言自然，音律和谐多变，以蓬勃的浪漫气质表现出无限生机，成为盛唐之音的杰出代表。他善于从民歌、神话中汲取营养素材，构成其特有的瑰丽绚烂的色彩，是继屈原以来积极浪漫主义诗歌的新高峰。

一、李白简介

（一）"李白"名字的由来及其别称

李白为何叫李白，有很多说法，有的说法是"李白名字诗中得"。说李白刚出生的时候，特别可爱，父母特别喜爱，给他取了好多名字，但是都不怎么满

意，于是李父决定等儿子周岁时，看看儿子的志向再作决定。李白在周岁抓周时抓的是《诗经》，李父高兴极了，但是也愁极了，李父觉得将来儿子真的成为大诗人，得有个响亮的名字，一定得慎重，于是这个名字一拖再拖。在李白7岁那年春，有一天一家人在院子里，面对春暖花开，李父提议写诗句，于是道："春风送暖百花开，绽金吐银谁先来。"李母明白李父在考儿子的才智，于是吟道"火烧杏林红霞落"，没有继续说出下句，看看儿子的反应，李白心急了，指着盛开的花朵说："李花怒放一树白。"

李白父母听了都觉得续得很好，潇洒，掷地有声，照应全诗。李父对妻子说："你看这句的第一个字正是咱家的'李'姓，最后一个'白'字，象征着高洁，我们就给儿子取名为'李白'吧！"李母点点头觉得很好，一来取李花洁白之意，二来取其怒放之势，回味无穷，妙！于是李白的名字就这样定下来了。

对于李白的名字还有一个说法，在《新唐书·卷202·李白传》中有记载："白之生，母梦长庚星，因以命之。"意思是说李白出生时，李白的母亲梦见了长庚星，也就是太白金星，于是给他取名为李白，字太白也是由此而来。

李白的别称有很多，太白、青莲、李翰林、诗仙、谪仙人、酒中仙、李侯等。

青莲。李白祖籍陇西，年幼时随父迁居绵州昌隆青莲乡，所以自号青莲居士。他在《答族侄僧中孚赠玉泉仙人掌茶》诗序中说："后之高僧大隐，知仙人掌茶发乎中孚禅子及青莲居士李白也。"于是后人以"青莲"称之。

诗仙。宋代诗人宋祁在评论唐诗时说"太白仙才"，所以世人又称李白为"诗仙"。明代王嗣奭在《梦杜少陵》道："青莲号诗仙，我翁（杜甫）号诗圣。"

谪仙人。唐代诗人贺知章极为推崇李白，称他为"谪仙人"，后人也称"李谪仙人"、"谪仙"或"谪神仙"。

酒中仙。李白一生纵情诗酒，自称"酒中仙"。杜甫《饮中八仙歌》："李白一斗诗百篇，长安市上酒家眠。天子呼来不上船，自称臣是酒中仙。"元代马致远《中吕·喜春来》："蛮书写毕动君颜，酒中仙，一凭酒长安。"又称"酒星"，如明代宗臣《过采石矶怀李白》："闻阊天门夜不关，酒星何事谪人间。"

李翰林、李供奉。因为李白在天宝初年曾担任翰林院供奉，所以又被称为"李翰林"、"李供奉"。

李侯。"侯"是古代的一种爵位，"李侯"是世人对他的尊称。

李十二。在唐代时常用排行称人，李白在族兄弟中排行十二，所以世人又称李白为"李十二"。

澹荡人。李白在《古风》中说："吾亦澹荡人，拂衣可同调。"所以世人又称李白为"澹荡人"。

（二）李白的政治生涯

李白的政治生涯是坎坷的，从他准备参政开始就已经注定他的政治生涯是不平坦的。

唐代的科举分为常科与制举两类。常科即"岁举之常选"，是每年定期举行的考试。从应试者的来源来看，由学馆推荐保送的称作生徒，由州县推荐保送的称作乡贡。生徒对学生人数和入学资格要求较严，一般都是官员子弟，即使有百姓，也是要求"庶人之俊异者"而乡贡。据《新唐书·选举志》载："举选不由馆、学者，谓之乡贡，皆怀牒自列于州、县。"可见"怀牒自列"是最起码的条件，而

"牒"自然是谱牒一类证明家世身份的文件。乡贡先由县一级考试，经过淘汰，选取若干名到州、府；州府再经过考试，又经过一轮淘汰，选取若干名报到中央。各地州府所贡的举子，在秋冬之际（最迟在十月），陆续集中于京城，与国子监学生汇合。举子们到京后，第一道手续是到尚书省报到，结款通保，尚书省的有关机构（户部）则加以考核检查。据傅璇琮先生考证，开元二十五年（737年）以前，贡举考试由考功员外郎主持，举子们报到后，由户部集阅，考功员外郎考试。开元二十五年后改由礼部侍郎知贡举，考试由礼部主持，则举子就向礼部纳家状。这样，李白的仕途就遇到一个大难题——他的家状。家状是举子所写本人家庭状况表，内容包括籍贯及三代名讳。家状的写法是有一定规格的，稍不合格，就要受到责骂，甚至取消考试资格。关于李白的家世，范传正的《唐左拾遗翰林学士李公新墓碑文》中有这样一段话：

公名白，字太白，其先陇西成纪人也。绝嗣之家，难求谱牒。公之孙女搜于箱箧之中，得公之亡子伯禽手书十数行，纸坏字缺，不能详备，约而计之，凉武昭王九代孙也。隋末多难，一房被窜于碎叶，流离散落，隐易姓名，故自国朝以来，漏于属籍。神龙初，潜还广汉，因侨为郡人。父客，以逋其邑，遂以客为名，高卧云林，不求禄仕。公之生也，先府君指天枝以复姓，先夫人梦长庚而告祥，名之与字，成所取象。受五行之刚气，叔夜心高；挺三蜀之雄才，相如文逸。瑰奇宏廓，拔俗无类。少以侠自任，而门多长者车。常欲一鸣惊人，一飞冲天，彼渐陆迁乔，皆不能也。由是慷慨自负，不拘常调，器度弘大，声闻于天。

由这段话我们可以推断出：一来"绝嗣之家，难求谱牒"，李白很可能没有谱牒文书；二来"自国朝以来，漏于属籍"，户部没有李白家族的记录；三是"神龙初，潜还广汉"，李白家族从中亚迁回是"潜还"的，没有经政府许可，像是今天的"偷渡"行为，所以极有可能拿不到相关的谱牒文书。正是由于李白没有谱牒文书以及其"潜还者"的身份，使得他无法参加科举考试。从政的第一条路行不通了。

因此，他只能选择干谒的从政路线。开元八年（720年），礼部尚书苏颋任益州大都督府长史，李白带着写好的诗文前去拜访，得到苏颋赞赏。自此，李白开始了他的求仕生涯。开元十三年（725年），李白辞亲远游，开始漫游、干谒的历程。开元十五年（727年），李白西游安州，从扬州、金陵一带西进，第二年李白初游安陆，入赘许家与许圉师的孙女结婚，暂时定居下来且以安陆为中心四处访道漫游。开元十八年（730年），李白30岁，这时候他从蜀地出来已五年，漫游了长江中下游，遍干诸侯，向各地的达官贵人投递自己的诗文辞赋，阐述自己的政治理想，但却未遇知己，也没有获得他人的引见，因此发出了"南徙莫从，北游失路"的慨叹。开元二十二年（734年）时他又出游襄阳，拜访了当时享有盛名的荆州大都督府长史韩朝宗，李白在书中说自己"虽长不满七尺，而心雄万夫"，"必若接之以高宴，纵之以清谈，请日试万言，倚马可待"，他希望韩朝宗能够举荐自己，但仍无结果。开元二十三（735年）年时他又应朋友元演的邀请北游太原及雁门；第二年又返回河南，与朋友元丹丘、岑勋等人在嵩山南麓颍阳山置酒高会。开元末年，因为许氏夫人去世，便移居山东任城，此时他已经41岁，但他出蜀以来的漫游与历次的政治干谒活动都没有任何实质性的效果。从以上种种可以看出李白在干谒之事上是积极主动的，是从内心深处发出的一种自主、自觉的行为，说明他积极入仕、积极进取，是个功名心很强的人，有着强烈的"济苍生"、"安社稷"的儒家济世思想的人。

　　李白曾经三次入长安。第一次是开元十八年，为寻求政治出路，"西入秦海，一观国风"；第二次是天宝元年（742年），奉召入朝，待诏翰林；第三次是天宝十二年（753年）春，从幽州归来。此三次中，第二次早已为世所知；第一次之说也基本确立；唯第三次的说法尚在探索之中。依安旗《李白三入长安别考》，将李白相关的八首诗串起来，描述了"三入"大概过程：李白于天宝十一年（752年）到幽州，目睹了安禄山谋反的情况，然后匆匆赶到长安，一边草制奏疏，一边寻找门路，企图为国效力。但投赠不果，

反有可能遇杀身之祸，听友人忠告，又离开长安。

晚年加入永王李璘的幕府，由于识见不足，未觉察永王企图拥兵自立的野心，竟不自觉地充当了为虎作伥的角色，结果李璘兵败被杀，李白自己也获罪遭受流放。

（三）李白的思想

李白的诗之所以有仙味，是因为他的思想里有儒、道、佛的思想。

1. 儒家思想

首先，李白从小接受了儒家正统思想的教育和熏陶，青年时代便怀着"济苍生"、"安社稷"的雄心壮志，同时"偏干诸侯"，企图从与各地方官的交往中实现自己的政治理想——"申管晏之谈，谋帝王之术，奋其智能"的积极入世的思想正是儒家的思想。儒家思想是李白思想的源头和主流，它如一根红线贯穿李白的一生！

在李白的创作生活中，可见到儒学的光辉，"我志在删述，垂辉映千春"，更能体现他继承了孔子思想。孔子曾将三千余首古代诗歌，经删除，筛选了三百篇成了"诗经"。李白的志向也是一样，要像孔子删除"诗经"一般，把古代的传统留给后世那样，选出现代的优秀诗人，把真正的诗歌传统留传后代。对于儒家的三纲五常之道，也时常提及。他在乐府诗中曾作《君道曲》、《东海勇妇》、《上留田》、《箜篌谣》、《双燕离》，分别敦劝君臣、父子、兄弟、朋友、夫妇之忠于情义，未曾忘怀过世事。

孔子作为儒家思想的创始人，对中国文化影响至大。李白身处唐代文化繁荣时期，思及文化问题时每每又以孔子为师、为圣，"仲尼，大圣也，宰中都而四方取则；子贱，大贤也，宰单父人到于今而思之"（《武昌宰韩君去思颂碑》）。对于孔子文治天下的思想和对中国思想文化的开创作用，李白同其他人一样予以肯定，亦肯定了先秦儒家思想的价值原则和儒学人物的风范。李白景慕这些历史人物，反映了他的性格、抱负和理想。在儒家思想的影响下，青年时期的李白意气风发、豪情满怀，他有一个理想也是他一生最强烈的愿望，就是能求得功名、建功立业。当时正值开元盛世，国家呈现一派欣欣向荣的景象，李白坚信"天生我材必有用"，对前途充满了信心。其间李白作《代寿山答孟少府移文书》、《南轩松》等，表明自己远大的政治思想，抒发自己要一飞冲天、一鸣惊人的志向。李白有着强烈的"济苍生"、"安社稷"的儒家济世思想，但他既看不起白首死章句的儒生，也不愿意走科举入仕之路，而是寄希望于风云际会，一展抱负。

2. 道教思想

李白的道家思想的产生、形成经历了一个长期的复杂过程，影响他的主观原因和客观条件众多，而地理环境和社会环境是形成李白道家思想最重要的两个因素。首先，家乡的道教氛围孕育了李白的道家思想。天府之国的四川，既是李白的家乡，又是道教的发源地。由于有丰厚的物质基础及封闭的自然环境，道教势力有着飞跃的发展。特别是到了唐代，统治者为了抬高自己的地位，尊道教教主李耳为其先主，道教遂成为国家的正统宗教，道教势力渗透到国家的各个领域，道教宫观遍布全国的名山大川。四川作为道教的发源地和根据地，道教宫观、圣地、场所以及教民更多，呈现出"五里一宫，十里一观"的壮观景象，在当地人民群众和政治生活中占有重要的地位。其次，唐代社会尊道，发展了李白的道家思想。生活在盛唐时期的李白，同当时大多数知识分子一样，向往着建功立业、光宗耀祖、追求过达官贵人的舒雅生活，希望通过各种途径来实现自己的愿望和理想。李白在他 25 岁的时候，为了实现"申管、晏之谈，谋帝王之术，奋其智能，愿为辅弼，使寰区大定，海县清一"（《代寿山答孟少府移文书》）的政治思想和治世方略，离开故里。"仗剑出国，辞亲远游。遍干诸侯，隐身求进"，通过多年浪迹天涯的生活，他认识到：要想实现自己的宏图大志，需走"终南捷径"，一是结交达官贵人；二是利用道教这个阶梯。

可以说，李白讨儒入道，是万般无奈的，是当时黑暗现实直接造成的。在《梦游

诗仙李白与浪漫主义诗歌

天姥吟留别》中，作者以高度夸张和象征的艺术手法，在梦幻与现实之间，虚虚实实，将一腔郁愤之情，凝结为生动的艺术形象，勾勒出一幅梦游图。迷离梦境飘忽昏冥，熊咆龙吟霹雳崩摧，是对丑恶现实的无情鞭挞，它并非"痴人说梦"，而是对于自己曾梦寐以求的那种理想境地的强烈否定。回想长安往事，不正是一场噩梦吗？"世间行乐亦如此，古来万事东流水"，道家的虚无主义思想又使他稍觉心宽和安慰。"别君去兮何时还，且放白鹿青崖间，须行即骑访名山。安能摧眉折腰事权贵，使我不得开心颜"，诗人表明自己宁愿放白鹿于青岩之间、优游岁月、誓不同流合污的决心。这是对封建统治者的公开挑战，同时也是对儒家思想的宣战。道家思想支撑起一个顶天立地的伟岸男人！

3. 佛教思想

李白一方面接受了儒家"兼善天下"的思想影响；另一方面又受到了道家特别是庄子那种"遗世独立"的思想影响，追求绝对自由。除此之外，佛家思想也存在他的思想中。事实上，李白是学过佛的。《赠僧崖公》一诗即忆及其学佛悟禅的经历："昔在朗陵东，学禅白眉空。大地了镜彻，回旋寄轮风。揽彼造化力，持为我神通。晚谒泰山君，亲见日没云。中夜卧山月，拂衣逃人群。授余金仙道，旷劫未始闻。"可见，先从白眉空受禅，后遇太山君学佛理的李白于佛典是深谙的。否则，也不能"敏捷诗此首"。看《与元丹丘方城寺谈玄作》："茫茫大梦中，惟我独先觉。腾转风火来，假合作容貌。灭除昏疑尽，领略人精要。澄虑观此身，因得通寂照。朗悟前后际，始知金仙妙。"此诗正是李白对佛教基本人生奥秘的参悟。首句是说，人生有如一场大梦，而先觉者自然是因为了悟了佛法真谛；"腾转"句云，世间的一切都是地、水、火、风四大假合而成，并无实体；"灭除"句指出，只有灭尽种种无明的疑惑，才能了悟佛法；"澄虑"四句认为，贯通佛家顿悟之学，明心见性，就能洞彻过去、现在、未来三世，领会金仙（佛）之真义。佛法妙谛，娓娓道来，正显露出李白思想世界中常被忽略的佛教思想。

4.儒、道、佛统一

儒、道、佛是中国人民信奉最多的教派，而三者是相互矛盾的，存在着出世入世的矛盾，存在着功名利禄与无欲无求的矛盾。然而李白这三种思想都具备，他曾在一首诗里融儒、道、佛于一处，试看他的《峨眉山月歌送蜀僧晏人中京》："我在巴东三峡时，西看明月忆峨眉。月出峨眉照沧海，与人万里长相随。黄鹤楼前月华白，此中忽见峨眉客。峨眉山月还送君，风吹西到长安陌。长安大道横九天，峨眉山月照秦川。黄金狮子乘高座，白玉麈尾谈重玄。我似浮风滞吴越，君逢圣主游凡阙。一振高名满帝都，归时还弄峨眉月。"

这无疑是一幅三教同趣图。诗里描写蜀僧晏身披峨眉山月，云游长安，会见圣主，高踞黄金狮子座上，手挥白玉麈尾，大谈老子玄玄之道，达到名振帝都的目的。从这可知李白是汇百家以融三教，超象外而得环中，故其所写诗，妙达神境。赵翼评道："（太白）诗之不可及处，在乎神识超迈，飘然而来，忽然而去；不屑于雕章琢句，亦不劳于镂心刻骨，自有天马行空、不可羁勒之势。"不得不承认，李白的儒、佛、道思想，是使其文章"奇之又奇"、异彩焕发的重要原因，也是其诗魅力永存的重要因素。

（四）关于李白的几个谜团

李白是中国文学史上响当当的人物，是唐代诗界的一颗闪耀的星。对于这样的一个人的一切，不说全了解也应该知道八九成，但是事实却并非如此。关于他的出生地、卒年、家世、妻室，还有他的行踪等很多问题都成了众多学者讨论争辩的对象，没有统一的说法。但是可以肯定的是，他的诗文是闪耀光芒的，这一点毋庸置疑。

1.李白家世

对于李白的家世，大家都在猜测、推论、研究、探讨，说法不一。李阳冰《草

堂集序》载："李白，字太白，陇西成纪人，凉武昭王九世孙。蝉联珪组，世为显著。中叶非罪，谪居条支，易姓与名。然自穷蝉至舜，五世为庶，累世不大曜，亦可叹焉。神龙之始，逃归与蜀。"在这段话里，交待李白的家世，凉武昭王九世孙。李白也自称是凉武昭王之后："陇西成纪人，李广之后。凉武昭王九世孙。本家金陵，世为右姓，遭沮渠蒙逊之难，奔流咸秦。"如属实可能是李暠子嗣中李翻、李宝之后。《凉武昭王传》载："李暠薨，子歆立，是为凉后主。四年，为胡族沮渠蒙逊所杀。弟李翻弃敦煌出奔，蒙逊徙翻子宝于姑臧。岁余，北奔伊吾，后归于魏。"《北史·序传》更为详细地介绍了这一情况："宝遇家难，为沮渠蒙逊囚于姑臧。岁余，……北奔伊吾，臣于蠕蠕。……属太武遣将讨沮渠无讳于敦煌，无讳捐城遁走。宝自伊吾南归敦煌，……规模先业，……奉表归诚。……真君五年因入朝遂留京师。"

有人认为李白是李宝之后、李覆之后。贞观二年（628年），唐太宗为了维护纲常名教，警告当朝可能不忠的臣子，下诏治其罪，理由是"君虽不君，臣不可以不臣。斐虔通，炀帝旧左右也，而亲为乱首，……天下之恶，孰云可忍！宜其夷宗焚首，以彰大戮；但年代异时，累逢赦令，可特免极刑，除名削爵，迁配州"。于是在贞观七年（633年）时下诏处罚李孝本、李孝质、李覆，而且连带族属一并处罚，"其子孙并宜禁锢"，身在流地不准回乡也属于禁锢，李白的祖先也在其中。

还有就是李白是李宝族系中李轨一支，李轨与李渊是同宗近族。李轨，字处则，武威姑臧人，河西著名豪望，隋大业末年被任为武威郡鹰扬府司马。隋朝末年，"李氏当为天子"的谶语使李姓很多人士惨遭杀害，为保全性命，反抗隋朝的残暴统治，于大业十三年（617年），李轨率兵攻入内苑城，擒拿隋官谢统师等，结束了隋朝在凉州的统治。李轨自称河西大凉王，建元安乐。次年冬，李轨正式称帝，史称大凉政权。不久后张掖、敦煌、西平（今青海西宁市）、罕（今临夏市）等地，河西五郡尽归大凉政权。唐高祖李渊为统一大计，遣使与李轨结好，封其为大将军，遣还凉州，以表对其信任。李渊又遣使持节拜李轨为凉州总管，封凉王。但是李轨不接受大唐封号，李渊很是不满。派兵攻打大凉，不久李轨兵败，于武德二年五月，李轨在长安被杀。而他的族人被流配，李轨割据河西时就与外族联系，《旧唐书·李轨传》载李渊欲讨李轨时曾担心其"据河西之地，连好吐谷浑，结援于突厥，兴兵讨击，尚以为难"，西出阳关，北走瀚海甚为便利。这些地方都是当时唐朝势力未到之处。逃离配所这是问题的关键，按唐律，流人逃亡处死，如果逃往异域，就是"谋背国从伪"；投蕃国，那就是直接地犯了大逆之罪，变"缘坐"为主犯，不仅本人杀无赦，而且家族其他人也要受到严惩。

2. 李白的生卒年问题

关于李白生卒年的问题，也是在推论中，说法众多：

武则天圣历二年（699 年）——宝应元年（762 年），终年 64 岁；

长安元年（701 年）——广德二年（764 年），终年 64 岁；

长安元年（701 年）——广德元年（763 年），终年 63 岁；

神龙二年（706 年）——大历二年（767 年），终年 62 岁。

之所以有这么多的说法，首先是资料的佐证缺乏。还有，李阳冰并没有说李白是否已经病殁，李阳冰所整理的李白的诗集是李白在当涂大病之前所写的诗，李白当涂病情怎样无人能知晓，这对于了解李白生卒年是一个重要的问题，也是一个挑战。

3. 李白家室之谜

李白的第一个妻子是湖北安陆故相许圉师的孙女，而且李白是入赘许家的，在他 27 岁时也就是开元十五年（727 年）时与许氏结为连理，这是毋庸置疑的。问题在于所生的子女，魏颢《李翰林集序》有"白始娶于许，生一女一男。曰明月奴，女既嫁而卒卒。又合于刘，刘诀。次合于鲁一夫人，生子曰颇黎。终娶于宋"之说。郭沫若提出异议：魏颢的序文，夺误颇多，很难属读。……既言许氏"生一女一男"，而接着却只标出一个"明月奴"的名字。"明月奴"很明显是女孩子的小名，不像男孩子的名字。

因此，"一男"二字是后人加上去的。刊本或作"二男"，更谬。除去"一男"二字，即"白始娶于许，生一女，曰明月奴"，文字便毫无问题了。

这里，对于李白有几个孩子，产生了疑问，但是在李白《寄东鲁二稚子》："娇女字平阳，折花倚桃边。折花不见我，泪下如流泉。小儿名伯禽，与姊亦齐肩。双行桃树下，抚背复谁怜。念此失次第，肝肠日尤煎。"平阳和伯禽就是李白的一对儿女。平阳生于开元十六年（728年），伯禽生于开元十九年（731年）。

李白的最后一位夫人是故相宗楚客的孙女氏，李白依旧是赘婿的身份。这位宗氏信奉道教，据说曾经与李林甫的女儿李腾空在庐山修道。李白娶宗氏时许氏已经去世，宗氏不愿养许氏的两个孩子，李白只好把他们姐弟俩寄托在山东鲁地任城。虽然宗氏清心寡欲，但是在李白因永王一案入狱时，也曾极力营救。可是李白长流夜郎途中遇赦归来之后并没有与宗氏团聚，也没有和姐弟俩在一起，而是选择继续流浪。

在许氏和宗氏之间，出现了两个女人。一个为刘氏，刘氏是李白在许氏去世后在一起的，没多久就离异了。郭沫若认为，这个刘氏是李白游江东时结合的，李白曾经在《南陵别儿童入京》中写到"会稽愚妇"。这个刘氏可能是一位与朱买臣的妻子差不多的，嫌贫爱富、不安于室的人，所以二人结合不久后就离异了。第二位女性是鲁氏，而且还有一个孩子颇黎。郭沫若认为，这位鲁氏是李白朋友的妻室，李白托她照顾自己的孩子，而所谓的颇黎就是伯禽，而且根据字音字形推断，李白的儿子应该是叫伯离。

李白有两位故相后裔之女为妻室，这是不争的事实，而刘氏、鲁氏是否存在？若存在，与李白的关系是否暧昧？李白有三个孩子，还是两个孩子？我们只能从仅有的一点点文献资料中去寻找，正确的答案是什么，现在还不能太肯定。

4. 李白出生地

李白出生在哪里，仍然是一个热门的话题。自20世纪70年代以来，李白出生在中亚碎叶城的说法很流行。中亚碎叶城是指伊塞克湖畔的托克马克城附近的古城遗址。范传正《唐左拾遗翰林学士李公新墓碑并序》载："隋末多难，一房被窜于碎叶，流离散落，隐易姓名。"隋末因为"李氏当为天子"的谶语，使大批李姓人士惨遭杀害，李白的祖先为了避难而逃难于中亚的碎叶，李白就出生于此。在西域叫碎叶的地方有很多，"碎叶"是突厥语，意思是游说的地方。还有一个说法是李白的出生地是哈密的碎叶城。据记载，609年隋炀帝派大将薛世雄攻打伊吾（今哈密城），伊吾请降，于是并归隋地，成为隋朝的领土。615年时，隋炀帝杀害李浑、李敏、李善衡等人，并将其宗族"自三从以上皆徙边缴"，而伊吾就是其中的一个"徙边"的地点。根据钟方所撰写的《哈密志》可得知，在哈密确实有一个叫"碎叶"的地方，所以一些学者们认为，"一方被窜于碎叶"中的"碎叶"应该是哈密的碎叶城。李白应该出生在哈密碎叶城，也就是伊吾。

另一个关于李白出生地的说法是"中叶非罪，谪居条支"。李阳冰《草堂集序》载："李白，字太白，陇西成纪人，凉武昭王嵩九世孙，蝉联珪组，世为显著。中叶非罪，谪居条支，易姓与名。然自穷蝉至舜，五世为庶，累世不大曜，亦可叹焉。神龙之始（705年），逃归于蜀，复指李树而生伯阳。""中叶"一般指的是中世、中古，学术界认为这里的"中叶"是指初唐之时，不是唐前的隋朝。而"谪"是指罚罪或谴责，"谪居"应该是逃亡的委婉表述。在这里，"中叶非罪"指的是初唐时期，李轨与李渊的事，李轨在岁末占据河西一代，自立为王。李渊建唐后，李轨先附后叛，其族人也一起受到牵连，李白的祖先被迫迁到"条支"的地方，所以根据此事，学者们推断，李白的出生地是一个叫做"条支"的地方。"条支"这个地方在《史记》、《汉书》中都有记载，是一个国名，位于地中海东岸的塞琉古王国，居于欧亚交通要道，贸易发达。一些学者认为，这个"条支"其实就是吐鲁番的故城高昌。根据史料记载，故城高昌曾有"秦城"之名，所以李白的出生地可能是故城高昌。

二、李白与酒

诗仙李白还有另外一个称号，就是酒仙。李白爱喝酒，也可以说他是一个嗜酒如命的人。他高兴时喝酒，愤懑时也喝酒；上顿喝完，下顿还要喝酒。他

几乎每天都喝酒，"三百六十日，日日如醉泥"，"百年三万六千日，一日须倾三百杯"，虽然有些夸张，但是足以表明他是多么嗜酒。但是也正是因为爱喝酒，李白在半醉半醒中造就了许多诗，并升华到极致。

李白喝酒首先是解忧遣愁。酒是一种文化意蕴特别强的饮品，早在先秦时，酒就已经不只是满足人们口腹之欲了。《诗经·周南·卷耳》中写道："我姑酌彼兕觥，维以不永伤。"这里酒就不是为了满足主人公的生理需要，而是排遣忧伤的情绪。李白亦是如此。李白在文学上的造诣极深，这使他恃才傲物，太过于自负。对于当时的黑暗政治、官场的尔虞我诈，对于恃才傲物的李白来说，政治上的失败他感到非常愤懑。他纵有一身的才华却展示不出来，他自认为英雄无用武之地，所以就用酒来排遣。在《宣州谢朓楼饯别校书叔云》中最能体现李白的愁苦：

弃我去者，昨日之日不可留；

乱我心者，今日之日多烦忧。

长风万里送秋雁，对此可以酣高楼。

蓬莱文章建安骨，中间小谢又清发。

俱怀逸兴壮思飞，欲上青天览明月。

抽刀断水水更流，举杯销愁愁更愁。

人生在世不称意，明朝散发弄扁舟。

谢朓楼是南齐诗人谢朓在宣州任太守时在陵阳山上建成的一座楼。李白在天宝元年（742年）怀着远大的政治理想来到长安，在翰林院任职。两年后，

由于遭到小人的谗言而离开朝廷，内心十分愤慨，从此又开始了漫游生活。在天宝十二载（753年）秋，李白来到宣州，他的族叔李云（官为校书郎）将要离去，为饯别他而写成此诗。通过对蓬莱文章、建安风骨、谢朓诗歌之豪情逸兴的赞美，在历史的深处勾勒出一个理想化的精神范型。而以此与烦忧现状作鲜明对照，更激起"抽刀断水水更流，举杯销愁愁更愁"那样的无从消解的情感冲突。"蓬莱文章建安骨，中间小谢又清发"，他想到了汉代宏伟的文章，建安诗的刚健风骨，身在谢朓楼，更想到在汉、唐之间出现的小谢的诗歌。他对这些文化传统很仰慕，所以自负地用汉文、魏诗和小谢的成就来比较并称许李云和自己。想到这里，诗人的情感越发激动、高昂，于是就发出了"俱怀逸兴壮思飞，欲上青天览明月"的呼喊。他胸怀壮志豪情，要高飞远翥到天上去摘取明月。当然上青天揽明月只是一种要求解除烦忧、追寻自由的幻想，幻想毕竟是幻想，在现实世界中是不能实现的。最终他跌落到现实，所以作者愁苦，于是说道："愁苦就好比用刀切断水流一样，结果，水反而流得更急了，用饮酒取醉的办法去解除忧愁是绝对不可能的，因为酒醉后反更引发了内心的愁苦、愤懑。"结尾两句是说在这个社会里理想不能实现，就只有等待有一天能够抽簪散发驾着一叶小舟驶向远方了。诗人将解除烦忧，获取自由的希望寄托在明朝，这虽然是一个渺茫的幻想，但却表现了他那不甘沉沦的、豁达乐观的精神。在这首诗里，作者由忧愁到豁达的转折点是"举杯销愁"，酒醉之后一切都豁然，虽说是"愁更愁"，但是就是因为"举杯销愁"所以才"人生在世不称意，明朝散发弄扁舟"。

李白斗酒诗百篇。李白喝酒虽是为了抒发自己的不得志，释放政治失意的苦闷，但与此同时，酒也激发了李白的灵感，使他创造出无人能及的诗歌篇章。杜甫在《饮中八仙》中是这样描写李白饮酒作诗的："李白一斗诗百篇，长安市上酒家眠。天子呼来不上船，自称臣是酒中仙。"《将进酒》是李白以酒兴诗的一首震撼的作品：

君不见黄河之水天上来，奔流到海不复回。

君不见高堂明镜悲白发，朝如青丝暮成雪。

人生得意须尽欢，莫使金樽空对月。

天生我材必有用，千金散尽还复来。

烹羊宰牛且为乐，会须一饮三百杯。

岑夫子，丹丘生，将进酒，杯莫停。

与君歌一曲，请君为我侧耳听。

钟鼓馔玉何足贵，但愿长醉不复醒。

古来圣贤皆寂寞，惟有饮者留其名。

陈王昔时宴平乐，斗酒十千恣欢谑。

主人何为言少钱，径须沽取对君酌。

五花马，千金裘，呼儿将出换美酒，

与尔同销万古愁。

　　这首诗翻译过来大概是这样的：你看！那黄河之水仿佛从天而降，奔流到海永不回头，你看哪！这人生易老，早上照镜子还是一头黑发，到了晚上就变成白发苍苍了。人生在世得意的时候就应该痛痛快快地喝酒，莫叫酒杯空对着明月。我们的才能自有用得着的地方，钱花了还会再来。杀羊宰牛，大碗喝酒，大块吃肉，非得喝他个三百杯不可。岑夫子、丹丘生，且饮酒，莫停杯。请听我唱一支祝酒歌。钟鸣鼎食的不算宝贵，但愿天天有酒喝，而长醉不醒才是快乐。古来的那些帝王将相，圣人贤人都是寂寞的，谁还记得他们，还不如我李白落了个"酒仙"的美名。昔日陈王曹植曾说过"归来宴平乐，美酒斗十千"，饮酒取乐，我就是钦佩像曹植这样饮酒写诗的人。主人不用担心钱不够，有好酒只管拿来喝。连五花名马、价值千金的皮衣我都舍得拿来换酒喝，我要与你们用美酒来冲洗积压在胸的万古之愁。一会儿天上，一会儿地下，一会儿"青丝"，一会儿"白发"，天马行空，大起大落，以奔放的基调，狂放的姿态，言别人所不敢言，想别人所不敢想，这就是李白酒中作诗吟赋的姿态——狂傲。

　　李白喝酒解闷，创造了傲人的诗歌成就，但是与此同时却不可避免地造成了一些悲剧。首当其冲的是家庭悲剧。李白喝酒是"三百六十日，日日如醉泥"。李白天天以酒为伴，日日昏昏沉沉的，任谁也受不了，家庭矛盾不可避免。李白的妻子许氏是故相之后，家境应该很不错，应该是很有威望的一族，中国传统的儒家文化要求文士"修身齐家治国平天下"，这样天天喝酒的李白，难免受到家族当中其他人的蔑视和厌弃，作为李白的妻子，自然会感到脸上无光。李白天天喝酒天天醉，许氏面对这样的丈夫，对于夫妻生活感觉不到温馨，对李白的反感自然而然地形成。李白也曾感到愧疚，写下这首《赠内》："三百六十日，日日如醉泥。虽为李白妇，何异太常妻。"但是，李白一遇到美酒，就把许氏忘得一干二净，这肯定会影响两人的感情，夫妻感情危机随之产生。

李白饮酒亦带来政治上的悲剧。在安陆地区干谒活动是李白出蜀后寻找政治出路的开始，但是因为酒，李白或多或少地得罪了当地的一些名望人士。魏颢在《李翰林集序》中云："李白又长揖韩荆州，荆州延饮，白误拜，韩让之，白曰'酒以成礼'，荆州大悦。"李白的解释虽然机敏但显得牵强。韩荆州的"大悦"是真是假已无法得知，也不重要，但是李白经常醉酒并因此失礼必定会给包括韩荆州在内的地方官吏留下不好的印象。这对他以后的政治道路一定有影响，只不过李白自己并没有认识到这一点，因此在多年之后丢了官。

天宝元年，李白应召入京，初入长安供奉翰林时，颇受玄宗重视。李阳冰《草堂集序》载：玄宗"降辇步迎，如见绮、皓。以七宝床赐食，御手调羹以饭之"，并且"问以国政，潜草诏诰"，但是李白供奉翰林期间仍然经常喝醉酒。魏颢《李翰林集序》："上皇豫游召白，白时为贵门邀饮，比至半醉，令制《出师诏》，不草而成……"传正《唐左拾遗翰林学士李公新墓碑并序》："皇欢既洽，召开作序。时公已被酒于翰苑中……"孟棨《本事诗》："尝因宫人行乐，（玄宗）谓高力士曰：'对此良辰美景，岂可独以声伎为娱，倘时得逸才词人吟咏之，可以夸耀于后。'遂命召白。时宁王邀白饮酒，已醉；既至，拜舞颓然。"《旧唐书·文苑列传》："白既嗜酒，日与饮徒醉于酒肆。玄宗度曲，欲造乐府新词，亟召白，白已卧于酒肆矣。"《新唐书·文艺列传》："帝坐沉香亭子，意有所感，欲得白为乐章，召入而白已醉。"从这些资料中可以看出，李白几乎每次应召入宫都已烂醉如泥，他"常侍帝醉"，难免会失礼，

诗仙李白与浪漫主义诗歌

有损天子近臣的身份和宫廷大雅。他又常常出入禁中。在这种情形之下，玄宗怎能不虑其酒后失言泄露宫廷秘密。作为朝廷命官，整日酩酊大醉，怎能保持清醒头脑，作出正确判断？斗酒诗百篇倒是可以，为政则就是大忌了。因此，玄宗尽管十分喜爱李白的清丽词章，但时间一久，对其印象定会渐渐改变。最终，玄宗以担心李白"乘醉出入省中，不能不言温室树，恐掇后患"（范传正《唐左拾遗翰林学士李公新墓碑并序》）为由，诏令归山。客观地说，李白被逐出宫廷的原因是多方面的，李白的恃才傲物、缺乏实际政治才干是其主观方面的原因；而后期的玄宗沉湎声色、厌倦朝政、不再重视人才则是客观原因。不过，李白的纵酒也是其中的一个不可忽视的原因。李白试图借酒消愁："穷愁千万端，美酒三百杯。愁多酒虽少，酒倾愁不来。"（《月下独酌》）但是，他的许多忧愁和烦恼恰恰是因为没有节制的纵酒带来的。尽管有时也意识到"举杯销愁愁更愁"，他仍然要"但愿长醉不复醒"。李白是否意识到这些我们不得而知，但从他的诗文中可以看出他对酒的态度是复杂的。南北朝人陈宣在《与兄子秀书》中曾云："酒犹水，可济可覆。"李白与酒的关系是此言的最好例证。

酒醉之后，李白的思想是大胆的，把他本身所具有的儒、道、佛思想全都汇集在一起，那佛、道思想是一种豁达、空旷、净洁的思想，从而使李白的诗呈现出仙风道骨；而醉中的李白所有的愤懑不愉快也都集中在一起，真实情感也就融入到了诗里，所以李白的诗，通过酒的升华，又具有灵性。

三、李白诗歌的艺术特点

　　李白的诗歌代表了唐代诗歌甚至是我国古典诗歌的最高水平。他的诗歌创作不仅具有丰富的思想内容，而且具有高度的艺术性。

　　李白诗歌中具有强烈的自我意识，在他的诗里多次出现"我"、"余"、"吾"等表示自己的字样，也常常能看到他自我抒情与陶醉的形象。如《上李邕》："大鹏一日同风起，抟摇直上九万里，假令风歇时下来，尤能簸却沧溟水。"这里的大鹏，并非是庄子逍遥自适的大鹏，而是展现自己的奇异大鹏。《江上吟》："兴酣落笔摇五岳，诗成笑傲凌沧洲"，表达了李白词章不朽的强烈愿望，落笔之际气势磅礴，可以撼动山岳；诗成后傲然卓立，阔大的胸襟可以凌驾江海之上，表现了作者对自己文学才能的高度自信。饮酒赋诗时的气吞山河、傲岸不群的神态，这种鲜明的个性特征使我们可以充分地感觉到诗人强烈的自我意识给人的压迫性。还有从"如逢渭水猎，犹可帝王师"，"壮士怀远略，志在解世纷"，"仰天大笑出门去，我辈岂是蓬蒿人"，"太白与我语，为我开天关"，"天生我材必有用，千金散尽还复来"，"长风破浪会有时，直挂云帆济沧海"，"东山高卧时起来，欲济苍生未应晚"等诗句中，不难发现其中强烈的主观色彩。这种自我意识来源于李白的自信，同时也是李白个性特征极力张扬的结果。这种强烈的自我意识不仅导致李白相信"天生我材必有用"，深信自己的潜在能力会得以极大发挥，从而去追求一种无所不能的逍遥，而且还会激起诗人的乐观情感，使李白在逆境中得以遇变不惊，充分展示自我，进而使他那种狂放不羁的个性得到充分发展。但是这种自信又导致了李白的自我标榜。让李白感到最光荣的事是天宝元年奉诏入京，于是李白在诗中给自己定了一个位，而李白官败之后，每提及此事时也是无比自豪。在《书情赠蔡舍人雄》写道"遭逢圣明主，敢进兴亡言。"再看《赠溧阳宋少府

陟》"早怀经济策，特受龙颜顾"，《江夏赠韦南陵冰》"昔骑天子大宛马，今乘款段诸侯门"，《玉壶吟》"凤凰初下紫泥诏，谒帝称觞登御筵。揄扬九重万乘主，谑浪赤墀青琐贤。朝天数换飞龙马，敕赐珊瑚白玉鞭。世人不识东方朔，大隐金门是谪仙"，《驾去温泉宫赠杨山人》"一朝君王垂拂拭，剖心输丹雪胸臆。忽蒙白日回景光，直上青云生羽翼。幸陪鸾辇出鸿都，身骑飞龙天马驹。王公大人借颜色，金章紫绶来相趋"，《单父东楼秋夜送族弟沈之秦》"长安宫阙九天上，此地曾经为近臣"，《流夜郎赠辛判官》"昔在长安醉花柳，五侯七贵同杯酒。气岸遥凌豪士前，风流肯落他后。夫子红颜我少年，章台走马著金鞭。文章献纳麒麟阁，歌舞淹留玳瑁筵"。他的自我张扬、自我肯定、自我标榜，构成了他的自我意识，而这种意识使他的诗具有一种先声夺人的气魄。

李白诗歌想象丰富，构思奇特，意象梦幻，意境雄伟。他很少对生活作细致、如实的描绘，而是驰骋想象于广阔的空间，再穿插以历史、神话、梦境、幻境和大自然的景物，捕捉许多表面上看来没有逻辑联系的意象，运用独特的匠心，构成一幅幅惊心动魄的图画，表现跌宕起伏的感情。这一点，《梦游天姥吟留别》表现得最为突出：

海客谈瀛洲，烟涛微茫信难求。越人语天姥，云霞明灭或可睹。
天姥连天向天横，势拔五岳掩赤城。天台四万八千丈，对此欲倒东南倾。
我欲因之梦吴越，一夜飞度镜湖月。湖月照我影，送我至剡溪。
谢公宿处今尚在，渌水荡漾清猿啼。脚著谢公屐，身登青云梯。
半壁见海日，空中闻天鸡。千岩万转路不定，迷花倚石忽已暝。
熊咆龙吟殷岩泉，栗深林兮惊层巅。云青青兮欲雨，水澹澹兮生烟。
列缺霹雳，丘峦崩摧。洞天石扉，訇然中开。
青冥浩荡不见底，日月照耀金银台。霓为衣兮风为马，云之君兮纷纷而来下。
虎鼓瑟兮鸾回车，仙之人兮列如麻。忽魂悸以魄动，恍惊起而长嗟。
惟觉时之枕席，失向来之烟霞。世间行乐亦如此，古来万事东流水。

别君去兮何时还?

且放白鹿青崖间,须行即骑访名山。安能摧眉折腰事权贵,使我不得开心颜!

在这首诗里,可以看到似梦的境界,像是在天阙之上。感慨深沉激烈,变化恍惚莫测于虚无飘渺的描述中,寄寓着生活现实。作者展开了丰富的想象,游天姥山还看似现实,而往后则越来越梦幻,李白把云比作密密麻麻的仙人。此诗给人一种惊心动魄之感,如"天台四万八千丈,对此欲倒东南倾","千岩万转路不定,迷花倚石忽已暝。熊咆龙吟殷岩泉,栗深林兮惊层巅","列缺霹雳,丘峦崩摧。洞天石扉,訇然中开。青冥浩荡不见底,日月照耀金银台。霓为衣兮风为马,云之君兮纷纷而来下。虎鼓瑟兮鸾回车,仙之人兮列如麻"。这样的奇特的想象、奇特的境界也就只有李白才能写出来。在这首诗了所出现的意象很多,大部分都是梦幻的、超现实的,如"仙"、"鸾"、"白鹿"、"虎鼓瑟"等是这首诗具有浓厚的浪漫主义色彩。

李白诗句不仅清新自然、豪放生动,而且善于运用夸张。他不拘于格律,不雕琢字句,一切统一于自然。他有两句诗说"清水出芙蓉,天然去雕饰",恰好可以用来说明他的诗的语言特色。

李白诗云:"三朝上黄牛,三暮行太迟。三朝又三暮,不觉鬓成丝。"还有许多诗篇在语言风格上保持了率真自然、明朗流转的风格,深得民歌韵味。如《宣城见杜鹃花》:"蜀国曾闻子规鸟,宣城还见杜鹃花。一叫一回肠一断,三春三月忆三巴。"再如《白云歌送刘十六归山》:"楚山秦山皆白云,白云处处长随君。长随君,君入楚山里,云亦随君渡湘水。湘水上,女萝衣,白云堪卧君早归。"他广泛汲取了前代文人诗歌的精华,形成通俗而又精练、明朗而又含蓄、清新而又明丽的风格特色。他的"自然"并不仅仅是除去雕饰,浅显明白,而且是语近情遥,具有丰富的意味。七言绝句《早发白帝城》:"朝辞白帝彩云间,千里江陵一日还。两岸猿声啼不住,轻舟已过万重山。"这首诗用很单纯自然而又豪放有力的语言表达了极其深厚的感情。

诗仙李白与浪漫主义诗歌

前二句语带夸张，但纯然白话；后二句形容轻舟之快，亦明白如话。这首诗是用了《水经注·江水注》的典故的，但是我们并没有感觉李白是在用典，他的自然就能达到这种地步。

李白的诗体多样，但贡献最大的是七言古体诗和七言绝句。这两种诗体在当时也是最新、最自由的，和他那自由豪放的个性也特别适应。他这方面的成就也很得益于学习乐府民歌。《峨眉山月歌》："峨眉山月半轮秋，影入平羌江水流。夜发清溪向三峡，思君不见下渝州。"《黄鹤楼送孟浩然之广陵》："故人西辞黄鹤楼，烟花三月下扬州。孤帆远影碧空尽，惟见长江天际流。"《赠汪伦》："李白乘舟将欲行，忽闻岸上踏歌声。桃花潭水深千尺，不及汪伦送我情。"这是几首脍炙人口的七绝。

沈德潜《唐诗别裁》说："七言绝句以语近情遥，含吐不露为贵。只眼前景，口头语，而有弦外音，使人神远，太白有焉。"他说的这些特点，实际上也就是深得民歌天真自然的风致。即以《早发白帝城》一诗而论，全篇词意完全出于《水经注》"巫峡"一篇，但语言之自然、心情之舒畅乐观，与原文风貌却迥然不同。他的七绝向来和王昌龄齐名，各具特色。但就接近民歌一点说，他却超过了王昌龄。他的五律，运古诗质朴浑壮气势于声律格调之中，往往不拘对偶，也很别具风格，如《夜泊牛渚怀古》《送友人》等篇，历来为评论家所称引。

在中国文学史上，就一位作家在当时所引起的轰动而言，李白的震慑力无人能及。他像一阵雷霆、一股狂飙，以其壮丽的诗歌征服了同时代的人。李白用他的经历、情感以及思想，绘制成了"李白诗"，并且取得了傲人的成就。

四、李白浪漫主义诗歌产生的因素

李白的诗歌充满着积极的浪漫主义色彩，具有豪迈奔放的特点。诗句清新飘逸、超凡脱俗，诗的意境奇异壮丽、旷达广袤、扑朔迷离，呈现出丰富多彩的优美画卷，展示了诗人恢弘的气魄。浪漫主义诗歌代表了李白诗歌的所有成就，是李白诗歌中最精华的部分。

（一）思想渊源

诗歌的创作是一个复杂的过程，这其中包含了诗人的文化底蕴、知识含量以及思想基础。李白集道家、儒家、佛家思想于一身，他是受过符箓的道士，参加过正式的入教仪式，可以说李白是一个正牌的道士，所以他具有道家的洒脱和狂放，而丝毫没有佛家的悲观。与佛教的普度众生和祈求来世不同，道教珍视个体生命并渴望现世快乐，而且终极目的是生存和享乐的欲望。因此，他们的生活态度是过分的自由，而李白的诗歌充满了大胆的想象和奇异的夸张，常常出语惊人、行文跌宕，其中一些作品带有明显的游仙色彩，显然受道教的直接影响。如《西岳云台歌送丹丘子》在九重天、蓬莱境的环境下先将明星、玉女、麻姑、天帝这些道教传说中的仙人与自己的好友元丹丘混杂在一起，最后写自己与道友二人饮玉液琼浆、骑茅龙升天的故事。奇奇怪怪、不可端倪，在传说与想象中幻化着自己真实的情感。再如《梦游天姥吟留别》，更是借梦游的方式写出了"霓为衣兮风为马，云之君兮纷纷而来下。虎鼓瑟兮鸾回车，仙之人兮列如麻"的群仙起舞的景象，并以仙界的美好来反衬世俗的龌龊。与其说游仙是为了寻道，不如说是为了寻己，因为寻道成仙者不是别人，正是自己。李白诗中始终有着一个愤世疾俗、遗世高蹈、特立独行的主体形象，《夏日山中》：

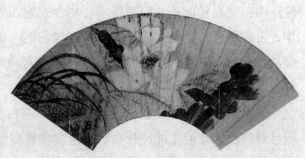

诗仙李白与浪漫主义诗歌

61

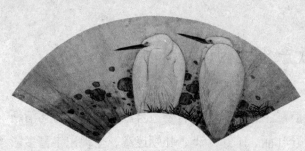

"懒摇白羽扇，裸袒青林中。脱巾挂石壁，露顶洒松风。"《题情深树寄象公》："肠断枝上猿，泪添山下樽。白云见我去，亦为我飞翻。"这种道教的"有我之境"显然有别于佛教的"无我之境"。即使在反映世俗生活的诗歌中，李白的主体形象也是极为鲜明的。失意时，他大喊"大道如青天，我独不得出"；得意时，他高唱"仰天大笑出门去，我辈岂是蓬蒿人"，既不似儒家的温柔敦厚，也不似佛教的空澈澄明。道教美学对李白的影响是广泛的、全方位的，除上述"游仙色彩"和"有我之境"的直接体现外，更多的情况是具有想象、夸张、神化色彩的间接影响。

佛教思想也是李白浪漫主义诗歌成就的成因之一。李白在游历过程中接触了很多佛教僧侣，了解了很多的佛教文化，这种影响体现在了他的作品中，如《答湖州迦叶司马问白是何人》："青莲居士谪仙人，酒肆藏名三十春；湖州司马何须问？金粟如来是后身。"最后一句的"金粟如来"指的就是维摩诘居士。敦煌变文《维摩诘居士讲经文》云："毗离耶城里，有一居士，名号维摩，他原是东方无垢世界的金粟如来，意欲助佛化人，暂住娑婆秽境。"诗人将自己与维摩诘居士联系起来，表明他对自己身份的界定。从李白"青莲居士"的名号中，我们也能清楚地看出李白对自己身份的确认。"青莲居士"中的"青莲"不仅指诗人的故乡"青莲乡"，在佛教中，"青莲"也代表特定的意义。清代注释李白诗歌的大家王琦在《李太白年谱》中说："青莲花出西竺，梵语谓之优钵罗花，清净香洁，不染纤尘，李白自号疑取此意。""莲花"还是佛教清净高洁的象征，经典中亦不乏对莲花出淤泥而不染的描写。如《六度集经》中："心犹莲花，根茎在水，华合未发，为水所覆。三禅之行，其净犹华，去离众恶，身意俱安。"又《华严探玄记》卷三："如世莲花，在泥不染，譬法界真如，在世不为世法所污。"在这些经典中，皆以"莲花"为喻，来阐释深奥的佛理。

儒家思想也是李白创作的渊源之一。李白从小就深受儒家思想的影响，而且对自己的政治才能过分自负，总想依靠自己的才能学识以获得帝王的特殊赏识，一步而跃居卿相的高位，进而去建立赫赫功业。在儒家与道家的共同影响下，李白为自己设计了一条"功成——名遂——身退"的特殊生活道路。他在诗中也反复强调："愿一佐明主，功成返旧林……待吾尽节报明主，然后相携卧白云。"然而这条路在现实中却走不通。李白为了表达这种矛盾所造成的强烈感受，必然在创作上要选择易于表达自我主观色彩的浪漫主义的创作方法。

（二）政治因素

唐初，由于统治者总结隋王朝灭亡的教训，采取了一系列积极政策发展生产，社会经济得到了长足的发展。到唐玄宗元年间，国家高度统一，国力空前强大，政治比较清明，社会也相对安定。这就极大地激发了人们乐观上进的信心、高度的民族自豪感和强烈的爱国精神，而这种乐观向上的社会心态正是培养浪漫主义诗歌的优良温室。其次，唐承隋后建立的大一统封建王朝，由于采取了开明政策，社会思想文化比较开放活跃，封建礼教相对松弛，人们主观精神昂扬奋发，加上北方少数民族游牧尚武的习气被吸纳到社会生活中来，这就使得人们偏于高估自身价值，强调个性张扬，推崇人格独立，蔑视现存秩序和礼法传统的束缚。在唐代诗人，尤其是在盛唐诗人身上，普遍存在一种重义轻财、好勇尚武的侠士风度，它与诗人们宣泄怀才不遇的抑郁不平结合在一起，就构成了那种慷慨激昂、奋进敢为的精神特质。只是这种精神特质在李白的身上反映得更强烈，而且也更具艺术性。

（三）楚辞与乐府的影响

楚辞是渊源于中国江淮流域楚地的歌谣，到战国中后期成为一种文学样式，主要作者是屈原和宋玉，其特征是"书楚语。作楚声，记楚事，名楚物"。此外，内容还涉及历史传说、神话故事、风俗习尚等，具有浓郁的抒情风格，带着鲜明的浪漫主义色彩。《离骚》是屈原理

想、遭遇、痛苦、热情以至整个生命所熔铸而成的宏伟诗篇，呈现着诗人鲜明的个性特点。他根植于现实又富于幻想，诗中大量运用古代神话传说，通过极其丰富的想象和联想，采取铺陈描叙的写法，将现实人物、历史人物、神话传说与自然环境交织在一起，把地上和天国、人间和幻境、过去和现在融会于一处，编织成奇幻瑰丽的人神合一、美人香草等绚烂多彩的幻想世界，从而产生了强烈的艺术魅力。这些特征在李白的作品中表现得十分明显，李白诗文中大胆的夸张、奇幻的想象、鲜明的爱憎和屈原的作品有诸多相似之处。表现最为明显的是李白的《蜀道难》中"蚕丛及鱼凫，开国何茫然"，"尔来四万八千岁，不与秦塞通人烟"等描绘，形象雄伟，遣神话入诗，充分显示出浪漫主义特色，很容易使人想到《离骚》的后半部分。《梦游天姥吟留别》、《西上莲花山》中"虎鼓瑟兮鸾回车，仙之人兮列如麻"和"迢迢见明星"、"茫茫走胡兵"等，对神奇的仙境和天上人间的描写，也显示着李白善于借助联想、神话或带有强烈抒情色彩的议论来表现自己的内心世界。在这方面也可看出，是对屈原《离骚》等作品的有意继承。当然，李白并非是机械地沿用前人的写法，而是凭着自己豪迈不羁的性格，推陈出新，表现出伤而不悲、乐观旷达的思想内容，扩大了浪漫领域，丰富了浪漫主义表现手法。

汉代乐府诗除了将文人歌功颂德的诗制成曲谱并制作、演奏新的歌舞外，还收集民间的歌辞入乐。《汉书艺文志》记载："自孝武帝立乐府而采歌谣，于是有赵，代之讴，秦，楚之风，皆感于哀乐，缘事而发，亦可以观风俗，知薄厚云。"汉武帝采诗，除为考察民隐外亦在丰富乐府的乐章，以供娱乐。后来，乐府乃由机关的名称变为一种带有音乐性的诗体的名称。继《诗经》、《楚辞》之后，在汉魏六朝文学史上出现一种能够配乐歌唱的新诗体，叫做"乐府"。乐府诗的特点是语言朴实自然、押韵灵活、用对话或独白形式叙事，浪漫主义的色彩浓厚，排偶句回环往复，音韵和谐。李白在反映普通下层人民生活的诗作中，演用了乐府诗的写实技法，体现出内容联系现实的特点。在李白全部诗歌中，"乐府诗"占四分之一，他有意识地学习乐府民歌，从中吸取精华，并有所创新。《蜀道难》、《梁甫吟》、《将进酒》、《行路难》等都是古乐府诗，它们形式变化不多，内容较为单薄，往往是作者对现实生活的感悟和启发，是透射时代特征的一面镜子，深刻反映着社会的真实情景。乐府诗富于形象的"比、兴"手法也被李白吸收运用。《北风行》首句"烛龙栖寒门，光耀犹旦开"，照应题目，从北方苦寒着笔，正是古乐府诗通常使用的起兴手法。除此之外，李白还吸取了乐府诗构思深入浅出、语言通俗流畅的特点，其中"君不见黄河之水天上来"、"君不见高堂明镜悲白发"等中的"君不见"一词，就是乐府诗的常用词，而且李白的拟古诗中大多采用乐府诗的典故、句法、甚至内容。总之，乐府诗对他的滋养是相当深厚的。

（四）漫游因素

李白一生都是在漫游中度过的。最初的几年，他游历了蜀地的不少名胜古迹。在李白 26 岁时，他又漫游了祖国的东部地区。728 年，李白来到湖北安陆后，与做过宰相的许圉师的孙女结婚，开始了"洒隐安陆，蹉跎十年"的生活。这期间李白仍是过着到处漫游的生活，直到应征翰林入驻长安。李白的最后一次漫游，是 744 年到 755 年，这次则以梁园为中心，游历广泛，不过不少地方是旧地重游。李白的漫游，对其诗歌创作尤其是诗风形成，都具有非常深刻的影响。首先，漫游让李白饱赏了祖国的壮美山河，由此诗兴大发，用饱含深情的妙笔，描绘了蜀道的险峻、长江黄河的壮阔与雄伟，留下了"涛似连山喷雪来"，"巨灵咆哮擘两山，洪波喷流射东海"，"黄云万里动风色，白波九道流雪山"等众多的名句。这些诗句，想象力惊人，夸张大胆，有的还巧用了一些神话传说，具有强烈的自我表达的主观色彩。这是李白山水诗有别于其他诗人的一个鲜明而显著的特点，这个特点其实也就是浪漫主义的特色。

总之，李白的浪漫主义诗歌的成因是多方面的，就是因为多重因素的交织，才使得李白的诗歌浪漫中带着神秘、豪放感伤。

诗仙李白与浪漫主义诗歌

五、李白浪漫主义诗歌的艺术特色

李白以其出神入化的浪漫主义诗歌艺术，傲岸不屈、蔑视权贵、渴望自由的精神，使其诗作充满了无限魅力，充分地展现了那个时代的精神风貌，汇成了中国古代诗史上格外富有朝气、惊天动地的绝唱。

（一）艺术特点

李白诗歌给人以豪迈奔放的气势，展现出离奇、夸张、变幻莫测，起伏跌宕让人如痴如醉。

1.豪迈奔放的气势

李白的浪漫主义诗风具有"笔落惊风雨，诗成泣鬼神"的艺术魅力。元稹说李白的诗歌"壮浪纵恣，摆去拘束"，这正道出了李白诗歌的这种豪迈而奔放的气势。他用其与生俱来的炽热感情、强烈个性，浓烈地表现着自己的主观感情，感情的表达具有排山倒海、一泻千里之势。比如，他入京求官时"仰天大笑出门去，我辈岂是蓬蒿人"，想念长安时"狂风吹我心，西挂咸阳树"，这样一些诗句都是极富感染力的。李白在描写客观事物时，表现出不羁的力量，如"黄河西来决昆仑，咆哮万里触龙门"，"黄河万里触山动，盘涡毂转秦地雷"，"黄河之水天上来，奔流到海不复回"。李白继承和发扬了庄子的豪放性格，他以诗抒怀，如江河入海，奔腾不羁；似野马脱缰，驰骋万里；若雷霆震怒，撼天动地；像银河落天，飞流直下。

2.飘逸

李白的浪漫主义诗歌洒脱、自然、与众不同，有超凡脱俗的神仙面貌。也正因为如此，飘逸潇洒、富于想象成为李白浪漫主义诗风的又一大特点。他以高歌祖国壮丽河山为主，从高耸云天的奇山异岭中，从梦幻迷离的洞天星月中，从天工之巧、幽景之媚、怪石之险、山水之秀中，驰骋想象，天马行空，创造出一幅幅虚无缥缈的仙界神话，令读者无限神往。李白飘逸的诗风毫不做作，超脱而自然，夸张而真实。"黄云万里动风色，白波九道流雪山"等等，挥毫泼墨，逸思横出。古往今来，问天下谁人能敌?

3. 离奇、夸张、变幻莫测

在李白的浪漫主义诗作中，极度的夸张、贴切的比喻和惊人的幻想，让人感到高度的真实性。在读到"抽刀断水水更流，举杯销愁愁更愁"，"白发三千丈，缘愁似个长"这些诗句时，人们不能不被诗人绵长的忧思和不绝的愁绪所感染。李白的这一艺术表现手法在《梦游天姥吟留别》等诗中也表现得尤为突出。"洞天石扉，訇然中开"诗人由梦境进入仙境，"青冥浩荡不见底，日月照耀金银台。霓为衣兮风为马，云之君兮纷纷而来下。虎鼓瑟兮鸾回车，仙之人兮列如麻"。李白大胆地借用奇特的夸张、缤纷的想象手法描述幻想中的仙镜：青冥浩渺的苍天广无边际、日月光辉同时照耀着神仙住处金银台。在"日月照耀"的光明背景下，众多仙人降临。他们有神虎鼓瑟，有鸾鸟驾车鱼贯而下，列队而来。这里没有森严的等级，没有尔虞我诈。众神仙都是平等相处，就连凶猛的老虎也都驯服地为众神弹琴鼓瑟，真是一派天地万物为一体的融乐世界。

(二) 形式特点

李白作诗善于用梦幻的形式对超现实的幻想境界进行追求和描摹。以《梦游天姥吟留别》为例，全诗可分为入梦、梦游、惊梦三部分。乍一开篇，以神山的不可觅求，反衬出天姥之分明可睹，进入对天姥的刻画。"天姥连天向天横，势拔五岳掩赤城。天台四万八千丈，对此欲倒东南倾。"天姥拔地耸天，大有横空出世之气概。再用对比手法，盛夸气势超拔的五岳，盖过山峰连绵的赤城。这样对比犹觉不足以显示天姥的峻高和气势，巍峨的天台山

跟天姥比，也相形见绌。这一来，水涨船高，不明言天姥之高，而其高自出；不直说其势，而遮天蔽日、横云割雾的气势自可相见，使之更为显著和突出。正因为天姥高峻无比，气势雄伟，诗人不禁心动神驰，浮想翩然。诗人"一夜飞渡镜湖月"，进入全诗的梦游部分。"湖月照我影，送我至剡溪"，借湖光乘月色瞬间到了天姥山；"半壁见海日，空中闻天鸡"，从奇丽壮观的海日到危峰险峻的高山；"千岩万转路不定，迷花倚石忽已暝。熊咆龙吟殷岩泉，栗深林兮惊层巅"，从曲折迷离的千岩万转的道路到令人惊栗的深林层巅；"列缺霹雳，丘峦崩摧"，突兀的意象打开了另一境界，把幻想托上了高峰，想象的彩翼振翅直上。"霓为衣兮风为马，云之君兮纷纷而来下。虎鼓瑟兮鸾回车。仙之人兮列如麻。"这是诗人梦游畅想的最高境界，也是全诗最为饱满、明朗的艺术画面。虚拟仙界的俊逸飘忽，实是表明诗人的超凡脱俗。正当诗人沉浸在仙气缭绕、变幻莫测的画面中神志俱忘时，"忽魂悸以魄动"，诗人心悸梦醒，惊坐长叹。由此全诗进入第三部分。诗人梦醒低徊失望之余吟道："世间行乐亦如此，古来万事东流水。别君去兮何时还？且放白鹿青崖间，须行即骑访名山。安能摧眉折腰事权贵，使我不得开心颜？"这是诗人嶙峋直立的傲志，不取悦于世而又不苟合于世的一腔怨愤。李白从现实去入梦畅游，大梦一醒，又回到惨淡的现实之中。梦中，他把自己理想中的世界描绘得目眩神迷、奇幻莫测，把神话传说中的事和对大自然的真实体验融合在一起，描绘出自己理想中的美景胜色，丰富奇特的幻想使得积极浪漫主义思想得以充分的发挥。

（三）语言特点

"清水出芙蓉，天然去雕饰"，这正是李白诗歌清新而自然的语言风格的形象化概括。而这与他学习民歌语言是分不开的。如《子夜吴歌·秋歌》："秋风吹不尽，总是玉关情。何日平胡虏，良人罢远征。"语言朴素简洁，不加雕琢，又活泼生动，音节和谐，颇有民歌风味。但他又不是单纯地以民歌语言为模式，而是经过加工提炼，既不失民歌语言的本色，又有含蓄精练的特点。如《宣城见杜鹃花》："蜀国曾闻子规鸟，宣城还见杜鹃花。一回一叫肠一断，三春三月忆三巴。"初看如脱口而出，明白如话，但若深入下去，便觉意味隽永，经过千锤百炼，使清新而自然的民歌语言的风格又得到进一步的升华。李白的七绝也体现了这一语言特色。沈德潜《唐诗别裁》说："七言绝句以语近情遥，含吐不露为贵。只眼前景，口头语，而有弦外音，使人神远，太白有焉。"他说的这些特点，实际上也就是深得民歌天真自然的风致。

（四）屈原优秀浪漫主义传统的继承

李白继承了屈原开创的香草美人传统，多用比拟、象征的手法表现自我，感讽时政，兴寄遥远，意蕴丰富。以囊括宇宙、席卷八荒的气概，以"惊风雨、泣鬼神"的笔姿表现出恢弘的志气和飘逸的风格。所谓"黄河落尽走东海，万里写入襟怀间""兴酣落笔摇五岳，诗成笑傲凌沧洲"。他写梦境的优美、神仙世界的美丽，正是反衬现实世界的丑恶；写对仙境的向往和追求，正是表达自己对于现实环境的失望以及对社会体制和人情世态等的激愤和批判。

李白的浪漫主义诗风是诗歌艺术表现的最高典范，他把艺术家自身的人格精神与作品的气象、意境完美结合，浑然一体，洋溢着永不衰竭和至高无上的创造力，李白浪漫主义精神及风格是中国诗歌发展史上一道永恒的彩虹。

六、李白浪漫主义诗歌的内在特质

康怀远在《李白批评论》中说："以历史上任何一个诗人都不可比拟的极其充沛和丰富的感情来铸造他的诗魂，编织他的诗歌。"李白的浪漫主义诗歌作

为盛唐时期的一个文化标志，他的诗是从内心发出来的，不仅仅代表自己，更是代表了像李白一样的同时代的文人。李白作诗，总是经常放任内心炽热情感的流动，以奔放的气势纵笔挥写豪迈的气概和激昂的情怀。李白抒情是喷发式的，他的感情易于触动而又浓厚热烈，一旦兴之所致，便如滔滔江水一泻千里。

（一）抒发建功立业、自信乐观的豪情

建立盖世功名和对理想的无限向往与矢志追求和始终保持的自信、自负、豁达、昂扬的精神风貌，是李白诗歌抒情的基调，也是李白浪漫主义精神的起点。李白理想化的人生目标、洒脱不羁的个性、傲世独立的人格和奔放沸腾的情感结合，使他在诗歌创作中释放出一种开合随意、一气贯之的狂放的气息，好为大言变成了解决理想与现实矛盾的一把金钥匙。浪漫主义精神所具有的那种大河奔流的气势和力量便会推动我们进入变幻莫测的神奇境界，让我们顿生"俱怀逸兴壮思飞，欲上青天览明月"（《宣州谢朓楼饯别校书叔云》）的念头，为理想中的灿烂人生而百般感动，奋斗不息。济苍生、安社稷，救黎民、做宰臣，这是李白的政治理想。"一朝君王垂拂拭，剖心输丹雪胸臆。忽蒙白日回景光，直上青云生羽翼"（《驾去温泉宫后赠杨大人》），他的抱负是高远的，他常以循道而求的孔子、匡扶社稷的傅李、决胜千里的张良等出将入相或为王者师之类的贤人自比。他确

信"长风破浪会有时，直挂云帆济沧海"（《行路难》），他坚信"天生我材必有
用，千金散尽还复来"（《将进酒》），他深信"风水如见资，投竿佐皇极"
（《酬坊州王司马与阎正字对雪见赠》），他自信"东山高卧时起来，欲济苍生应
未晚"（《梁园吟》）。他五次从政、五次破灭，每况愈下，虽然最后仍功未成、
身未退，但他"一朝复一朝，发白心不改"（《单华父东楼秋夜送族弟沈之
秦》），继续以惊人的狂劲为实现自己的政治理想呐喊着，甚至几乎掉了脑袋仍
青山不改、绿水长流，给人强烈的精神震撼。

（二）抒发热爱祖国、关注民生的激情

李白是一个积极入世的诗人，他不会披着浪漫主义的彩衣在"象牙塔"里
自娱性地舞蹈。对祖国壮丽奇美的山河，
他总是热情礼赞。"君不见黄河之水天上
来，奔流到海不复回"（《将进酒》）、
"登高壮阔天地间，大江茫茫去不还。黄
云万里动风色，白波九道流雪山"（《庐
山谣》），面对如此壮丽雄阔的江山奇景，
有谁能不产生强烈的审美共鸣，而学李白
以如椽巨笔挥写奇思异想和壮阔情怀。诗
中众多吞吐山河、包孕日月的雄奇壮美的
意象组合，充分体现了诗人宏大的气魄和
驰骋天宇的丰富想象力，又给人以一种崇
高感，激发出一种炽热的爱国情怀。"横
行负勇气，一战静妖氛"，"为君谈笑静
胡沙"，《塞下曲》、《永王东巡歌》等诗
篇中奔涌的爱国情感正缘于诗人对祖国大
好河山的无限热爱和创建理想社会的美好
愿望。诗人的爱国和爱家是统一的，从
"举头望明月，低头思故乡"的千载名篇
《静夜思》到"一叫一回肠一断，三春三

诗仙李白与浪漫主义诗歌

71

月忆三巴"的触景生情，哪一个远方游子读之能不凄然泪下？然而，浪漫色彩并未掩盖诗人对人民的关怀和现实的关注。"流血涂野草，豺狼尽冠缨"（《古风》），对安史叛军分裂国家、虐杀人民的罪行，诗人愤怒痛斥。"白骨成丘山，苍生竟何罪"，诗人在提出强烈控诉的同时，深切表达了对国事的忧虑。"中夜四五叹，常为大国忧"反映了不义战争给士兵造成的惨祸。《丁都护歌》深刻反映了拉纤船夫痛苦的生活。《北风行》表现了被压迫妇女的不幸遭遇。诗人以喷火的眼睛审视现实的罪恶和丑陋，使其诗作多了几分厚重和凌厉。

（三）抒发张扬正道、鞭挞丑恶的悲愤

"大鹏飞兮振八裔，中天摧兮力不济。余风激兮万世，游扶桑兮挂左袂。后人得之传此，仲尼亡兮谁为出涕"（《临终歌之》），"有时忽惆怅，匡坐至夜分。平明空啸咤，畏欲解世纷"（《赠何七判官昌浩》），"长啸倚孤剑，目极心悠悠"（《赠崔郎中宗之》），大鹏折翅、天马含冤，理想破灭、壮志难酬，李白对自身的不幸遭遇提出了愤怒的控诉。"韩信羞将绛灌比，祢衡耻逐屠沽儿。君不见李北海，英风豪气今何在！君不见，裴尚书，土坟三尺蒿棘居！"（《答王十二寒夜独酌有怀》）政治黑暗、吏治腐败，美丑不分、黑白颠倒，诗人对同代辅国之臣惨遭迫害表达了强烈的抗议；"殷后乱天纪，楚怀亦已昏……比干谏而死，屈平窜湘源"（《古风五十九首·其五十一》），"悲来乎！悲来乎！秦家李斯早追悔，虚名拨向身之外……"（《悲歌行》），李白从历史与现实的结合点上出发，挥斥幽愤，伤己感时，表示了对往昔仁人志士不幸遭遇的极度不平和压抑人才、陷害忠良的最高统治者的无比激愤。愁是千古愁，恨是千古恨，悲是万世悲，李白的苦情感天动地。

中国古代著名诗人

（四）抒发傲岸不羁、粪土权贵的狂情

李白是狂傲的，"虽长不满七尺，而心雄万夫"（《与韩荆州书》）。对理想自由的苦闷炽热和呐喊呼号，时刻激发着诗人傲岸不羁、粪土权贵的叛逆精神。他轻王侯、戏万乘："黄金白璧买歌笑，一醉累月轻王侯"（《忆旧游寄谯郡元参军》）；"李白斗酒诗百篇，长安市上酒家眠。天子呼来不上船，自称臣是酒中仙"（杜甫《饮中八仙歌》）。他不肯屈尊、不阿权贵，"严陵高揖汉天子，何必长剑挂颐事玉阶"（《答王十二寒夜独酌有怀》）；"安能摧眉折腰事权贵，使我不得开心颜"（《梦游天姥吟留别》）。对现实人生的奋力抗争、对独立人格的执著追求、对自由生活的强烈渴望，使李白的诗歌更具"胸中一喷即是"的神奇力量，以"吾手写吾心"的强烈主观抒情色彩彰显浪漫主义的艺术魅力。

诗仙李白与浪漫主义诗歌

七、李白浪漫主义诗歌的地位与影响

　　李白是唐代伟大的浪漫主义诗人，也是我国诗歌史上乃至世界诗歌史上少见的天才。他以气挟风雷的诗歌创作及其天才的大手笔，征服了古今中外的读

者。唐代诗歌的另一个伟大的诗人"诗圣"杜甫，也十分敬佩李白的人格和诗歌，他曾多次称赞李白。在《春日忆李白》里说："白也诗无敌，飘然思不群。清新庚开府，俊逸鲍参军。"由衷地赞美李白诗歌创作的"飘然思不群"，认为其诗歌具有的"清新"、"俊逸"风格特点，天下无与伦比。在《寄李十二白二十韵》里又说："昔年有狂客，号尔谪仙人。笔落惊风雨，诗成泣鬼神。声名从此大，汨没一朝伸。文采承殊渥，流传必绝伦。"指出李白诗歌有盖世绝伦的神奇艺术感染力，其巨大的声名将流传后世。大文学家韩愈在《调张籍》诗中将李白与杜甫并称："李杜文章在，光焰万丈长。"可见，他们对李白是何等的崇拜！从中也看出了李白诗歌在当时社会的影响之深。

　　李白的浪漫主义诗风对后代的影响极为深远。贞元时期，李白的没有定卷的诗集已"家家有之"，中唐韩愈、孟郊赞扬他的诗歌的浪漫主义情怀与价值，并从他的诗歌里吸收经验，以创造自己的豪放杰出的诗风。"诗鬼"李贺的浪漫主义诗风显然是受过他的启发的。宋代诗人苏舜钦、王令、苏轼、陆游，明清诗人高启、杨基、黄景仁、龚自珍等也无不从他的诗中吸收营养。此外，宋代以苏轼、辛弃疾为代表的豪放派的词，也受过他浪漫主义诗风的影响。他那些"戏万乘若僚友"的事迹传说，被写入戏曲小说，流传民间，更表现酷爱自由的人民对他的热爱。

　　李白诗歌作品中反映出来的人格力量和个性魅力影响了历代的诗人和词人。他那"天生我材必有用"的非凡自信，那"安能摧眉折腰事权贵"的独立人格，

那"戏万乘若僚友，视同列如草芥"的凛然风骨，那与自然冥一的飘洒风神，曾经吸引过无数士人。在中国古代封建社会那种个体人格意识受到正统思想压抑的文化传统中，李白狂放不羁的风格、变幻莫测的想象、清水芙蓉的美，对后世的诗人敢于突破传统的压制，有很大的鼓舞作用。其次，他那关怀国家安危和人民疾苦的进步思想、蔑视权贵和敢于冲破传统观念的反抗精神，一直为后人所尊敬和学习。宋朝文学大家苏轼、陆游等，都曾受其影响。如陆游《示儿》中那至死不忘报国的精神与李白《留别金陵崔侍御十九韵》中垂危之年还要参军报国的行为十分相似。第三，李白的积极浪漫主义的艺术风格和遗留下来的九千多首诗歌，成为我国古代文学的珍贵财富，在他之后的一些杰出的诗人和词人，如唐代的李贺、杜牧，宋代的欧阳修、苏轼、陆游、辛弃疾，明代的高启，清代的黄仲则、龚自珍等无不从李白作品里汲取了丰富的营养，把我国古代诗歌中的积极浪漫主义的优良传统进一步加以发扬光大。

　　总之，李白是盛唐文化孕育出来的天才诗人，也是中国古代文学的天才作家。其诗歌以丰富离奇的想象，热烈激昂的思想情感，潇洒不羁、永不屈服的人格魅力，赢得"诗仙"的美名和历代文人志士的好评。其"长风破浪会有时，直挂云帆济沧海"的非凡自负和自信，"安能摧眉折腰事权贵，使我不得开心颜"的狂傲独立的人格，"天生我材必有用，千金散尽还复来"豪放洒脱的气度，以及那瑰丽神奇、变幻莫测的想象，"清水出芙蓉，天然去雕饰"的美，奠定了李白在中国诗歌史上不可替代的不朽地位，是继屈原之后中国文学史上的一位伟大的积极浪漫主义诗人。

诗仙李白与浪漫主义诗歌

诗圣杜甫与现实主义诗歌

　　杜甫，唐代伟大的现实主义诗人，其诗歌"以天下为己任"，对唐代的政治、社会有着比较深刻的反映，具有极强烈的现实主义精神，是当时社会的一面镜子。"朱门酒肉臭，路有冻死骨"，就是对当时社会现实最真切的写照。在他的作品中时时关心百姓的疾苦，"安得广厦千万间，大庇天下寒士俱欢颜"，是他追求的目标。其作品"故当时号为诗史"，杜甫则被誉为"诗圣"。

一、"诗圣"杜甫

杜甫，唐朝伟大的现实主义诗人，字子美，河南巩县瑶湾人。他生于唐玄宗先天元年（712年），卒于代宗大历五年（770年），终年59岁。

杜甫出生在一个"奉儒守官"的封建官僚家庭，他的十三世祖杜预是西晋时期有名的一员大将，曾平定东吴，也曾为《左传》注解。杜甫经常以自己的远祖杜预为荣。《晋书》上有杜预的传记，说"杜预，杜陵人"。虽然杜甫出生在河南巩县，但他的远祖是杜陵人，而且杜甫也曾居住在长安城南的少陵以西，故当时的人也叫他杜少陵。

杜甫的祖父杜审言，是当时著名的诗人，武则天时代做过膳部员外郎，后又做修文馆直学士。他对杜甫的影响还是比较大的。杜审言的儿子杜闲，就是杜甫的父亲，曾做过兖州司马和奉天县（现陕西乾县）的县令。杜甫的母亲是当时大家族的孩子。

杜甫的一生可分为四个时期。35岁以前是他读书和壮游时期。35—44岁是他困守长安时期。从45—48岁，是杜甫陷贼为官时期，也是他生活创作的第三时期。接下来就是他"漂泊西南"时期，这是他一生中的第四个时期。

唐朝是中国古典诗歌的全盛时代。杜甫生活在唐朝由盛转衰急剧转变的特殊时期。在开元时代，由于政治的相对稳定，社会经济的繁荣，人民的生活还是比较安定的。到了天宝初期，由于官僚贵族大量兼并土地，地方的势力范围越来越强大。再加上最高统治者唐玄宗骄奢淫逸，不理朝政，杨贵妃、李林甫、杨国忠等人更是肆无忌惮，使得当时的政治日益败坏。公元755年终于爆发了

"安史之乱"。尽管之后唐朝还维持了一百五十年的历史，但自"安史之乱"之后，唐朝的政治经济就开始走下坡路了。杜甫尽管经历了所谓的开元盛世，但时间并不长。安史之乱期间，杜甫亲眼目睹了长安的几次沦陷。这期间，由于诗人过的是逃亡的生活，使他更接近人民，更能体会人民的痛苦。

杜甫的诗歌"以天下为己任"，时刻关注祖国的命运和前途。对唐朝的政治、社会有着比较深刻的反映，其作品具有极强烈的现实主义精神，"故当时号为诗史"。杜甫则被誉之为"诗圣"。他的作品数量近三千首，由于早期的作品有不少已经散佚了，现留存的作品只有一千四百多首。

杜甫的诗歌无论是思想性还是艺术性都很高。他的诗歌人民性很强，他用大量的诗作反映了当时的社会和人民的生活，揭露了封建统治阶级和安史叛军的残暴。他大胆地抨击朝廷，无情地揭露当时的黑暗现实，特别是对那些贪官污吏进行了无情的讽刺和批判。他的诗歌是当时社会的一面镜子。"朱门酒肉臭，路有冻死骨"，就是当时社会现实最真切的写照。他在作品中时时关心百姓的疾苦，"安得广厦千万间，大庇天下寒士俱欢颜"，是他追求的目标。

杜甫的诗歌能够反映当时的重大政治事件，如《兵车行》、《悲陈陶》、《悲青坂》以及"三吏"、"三别"等。杜甫的作品同样也具有强烈的爱国情感。他的生命与祖国和人民息息相关。当国家危难之时，"感时花溅泪，恨别鸟惊心"；当前方有好消息传来时，他又会"漫卷诗书喜欲狂"。除了与当时的政治和社会有着直接关系的作品外，在他的作品中，也有一些写景咏物的作品。他热爱生活，赞美祖国的山山水水，这类作品同样也能引起人们对祖国的热爱，所以人们也称杜甫为爱国诗人。

在艺术性方面，杜甫诗歌所取得的成就也是值得重视的。他一方面向古人学习，一方面向同时代的诗人、作家学习，对书、画、音乐、舞蹈等都广泛涉猎，同时充分利用民歌中的

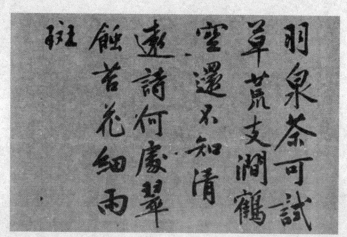

口语，使其诗歌更接近生活，接近人民。在学习的过程中，他取长补短、推陈出新，特别是继承和发扬了《诗经》以来的现实主义优良传统，正如用他自己所说"不薄今人爱古人"、"转益多师是汝师"。杜甫诗歌的艺术风格多种多样，历来所公认的的风格是"沉郁顿挫"。写诗的态度是"为人性僻耽佳句，语不惊人死不休"。由于他的辛勤学习，他的艺术修养极高，他兼备古今众体，集其大成。因此许多作品广泛流传，如《春望》、《北征》、《茅屋为秋风所破歌》、《闻官军收河南河北》、《秋兴八首》、"三吏"、"三别"等。

二、早期生活写照

（一）幼年读书时期

　　杜甫出生时，家里的经济状况比较好，他从小就勤奋好学。杜甫对幼年的生活也曾有过一些描述。唐玄宗开元五年（717年），他曾经到郾城（现在巩县东南），观看公孙大娘舞"剑器浑脱"。"剑器"是武术中的舞曲名；"浑脱"原是吐蕃语，这里指的是太尉长孙无忌用乌羊毛做的毡帽，也称"赵公浑脱"，后来演化为舞曲后叫"浑脱"。公孙大娘在玄宗时代可是赫赫有名的女舞蹈家。书法家张旭就曾观看她的"西河剑器"舞而影响其书法创作。杜甫儿时对观赏公孙大娘的舞蹈印象是非常深刻的，他在晚年曾写过《观公孙大娘弟子舞剑器行》，可以看出公孙大娘的舞姿让他记忆犹新，长久不能忘怀，这首诗说道：

　　观者如山色沮丧，天地为之久低昂。霍如羿射九日落，矫如群帝骖龙翔，来如雷霆收震怒，罢如江海凝清光。

　　这首诗是说观看公孙大娘舞蹈的人山人海，大家为她的舞技惊诧不已，甚至于长时间的不能平静下来。公孙大娘的舞姿，既像后羿射落九个太阳那样的矫健飘逸，又像众神仙驾着飞龙而去时的如梦如幻；她来时如震怒的雷声，舞罢又若月光笼罩下的江海碧波。

　　杜甫7岁时就已经开始吟诗了，他的第一首诗是已经失传的《咏凤凰》。即所谓的"七龄思即壮，开口咏凤凰"。中国人常常说，"3岁看大，7岁看老"，一个人的天性如何，往往从他很小的时候就能够看出来了。"凤凰"在中国古代是一种吉祥之鸟。如果它出来是天下太平的征象，传说周朝的时候有凤鸣于岐山，孔子还叹息过"凤鸟不至"，可见凤凰只是神话中的鸟，杜甫"七龄"就"咏凤凰"，从小

诗圣杜甫与现实主义诗歌

就表现了一种高远的心志，可惜这首诗没有留下来，尽管我们已经无法知晓这首诗的内容，但从题目中可以看出杜甫小的时候还是很富于幻想的。

杜甫小的时候比较瘦弱，常常生病。后来，身体渐渐地好转起来。晚年在成都在《百忧集行》中回忆童年时的生活曾写道：

> 忆年十五心尚孩，健如黄犊走复来，
> 庭前八月梨枣熟，一日上树能千回。

十五岁应该是少年了，可杜甫说他"心尚孩"，还跟小孩子一样。"犊"是小牛，"走"，是跑的意思，在古代走叫"行"。他说我小时候身体强健得像一头健壮的小黄牛，每天漫无目的地跑来跑去，没有一刻停下来，当八月院子里梨子和枣子成熟时，他一天无数次地爬上果树采摘果实。这一段的生活是非常幸福和惬意的。

杜甫除吟诗之外，在书法方面也很有造诣。在他晚年写的《壮游》诗中说"九龄书大字，有作成一囊"。是说他到9岁的时候就写有一口袋的字了。晚年时他曾写过一首《得房公池鹅》，诗中说"凤凰池上应回首，为报笼随王右军"。王右军是晋朝著名的书法家王羲之，杜甫拿王右军的书法自比，可见其对自己的书法还是很得意的。杜甫曾在《李潮八分小篆歌》中主张"书到瘦硬方通神"，明朝人胡俨曾看到过杜甫的字体，说其风格是"字甚怪伟"，由此我们可以想见其字的风格。

不久，杜甫的母亲就去世了，他父亲在外面做官，没有人照看他，于是就把他送到洛阳的姑母家中。洛阳属于东都，长安属于西都。皇帝以及王宫大臣经常到洛阳来，有时还会住上一段时间。杜甫在晚年时曾写了一首诗《壮游》，主要写他少壮时代的游历。他说"往昔十四五，出游翰墨场"，又说"性豪业嗜酒，嫉恶怀刚肠"。杜甫十四五岁时，就已经和当时洛阳著名的文人如崔尚、魏启等交往了，而且颇受夸赞。正因为如此，他才有机会到岐王李范（睿宗的第四个儿子，玄宗的弟弟）以及秘书监涤的府第里做客。与这些文学界的一些有名的作者交游，对杜甫的帮助很大。他性格豪放，从少年时代就已经开始喜欢喝酒了。杜甫喝酒时不仅豪情万丈，而且性格刚正不阿，疾恶如仇。

2. 壮游时期

从 20 岁起，杜甫结束了书斋生活，开始了长达十年以上的"壮游"时期。这一点和司马迁有着相似的经历。他南游吴越（现江苏南部和浙江），在那里游历之时，他曾经"枕戈忆勾践，渡浙想秦皇"。"勾践"是当年越国的国王，被吴国夫差打败之后，为了复兴越国，每天枕着他的戈（一种兵器），在柴草堆上睡觉。而且每天尝着吊在头顶之上的苦胆，以警示自己不忘雪耻复国。上天不负有心人，勾践最后终于如愿以偿。当杜甫渡过浙水的时候，他又会想起浩浩荡荡巡游东南的秦始皇。由此可见，杜甫的壮游，不是一般的游山玩水，他在游览的同时，心中所感慨的是千古兴亡之事。当时的唐朝在世界上是一个很兴盛发达的国家，与许多国家都有来往与交流，尤其是与日本交往密切。杜甫也曾经想去日本，"东下姑苏台，已具浮海航"，那是他已经准备好要航海到海外去，可是没有去成。"到今有遗恨，不得穷扶桑"。"扶桑"本来是中国古代神话中所说的一种树木，据说生长在日出之地。太阳从东方的海上升起来，日本既在东方又在海上，所以中国人常常称日本为"扶桑"。可见，杜甫一直遗憾自己没有去日本。杜甫在江浙一带游历之后，中间回河南考了贡举，后来又去长安考进士，"忤下考功第，独辞京尹堂"。"忤"是说不顺利，"第"是等级，"下第"就是没有考上，"考功"是当时唐朝掌管科第的政府机会，负责这方面工作的官吏叫考功员外郎。后来这项工作转由礼部来主持。"京兆府"指的是首都所在地，唐朝把长安及附近的地方称为"京兆府"。因为杜甫毕竟年轻，也就暂且放下了考试，再去游历。当他 20 岁时北游齐赵（现山东、河北南部、山

西等地）。并先后和苏源明、高适、李白等结下了兄弟般的情谊。在这长期的壮游中，诗人不仅游览了祖国的壮丽河山和宝贵的文化遗产，同时也了解了许多的历史人物，熟悉了当地的人民生活和社会状况，拓展了他的视野，为他早期的诗歌创作提供了丰富的素材。这一时期的作品以《望岳》诗为代表：

岱宗夫如何？齐鲁青未了。

造化钟神秀，阴阳割昏晓。

荡胸生层云，决眦入归鸟。

会当凌绝顶，一览众山小。

这首诗的题目是"望岳"，岳指的是高山，在这首诗中特别指的是泰山。中国有所谓的"五岳"，即东岳泰山、西岳华山、南岳衡山、北岳恒山和中岳嵩山。我们说，诗人有遇有不遇，有的人机会好，仕宦显达，像宋朝的晏殊，14岁就以神童的资格来到中央政府做了秘书省正字；可有的人命运多舛，六七十岁都没有考中，甚至终生不遇。人是如此，山也如此。就像中国的五大名山，最有名的是泰山。泰山之所以有名，因为它经过了孔子的赞美，孔子曾说自己"登东山而小鲁，登泰山而小天下"（《孟子·尽心上》）。孔子是山东人，他只上了泰山，没有机会去游别的山。比如衡山在湖南省，湖南那时候还被看作"荆楚南蛮之地"，孔子当然没有去过。泰山因为孔子而出名，当年杜甫没有登泰山之前，因为听孔子说泰山好，就想去看一看，这首诗之所以写得好，就是因为杜甫把自己的真情实感写出来了。

我们看一看这首诗是如何写的：

"岱宗夫如何？""岱宗"是对泰山的尊称。因为它曾经得到过孔子的赞美所以被奉为众山中的佼佼者。"夫"是语助词，没有实在意义。"夫如何"是说泰山"怎么样"。杜甫生在河南，泰山在山东，因此对泰山特别向往。诗句中开头的一句话，在泰山还没有真正出现在眼前之时，作者那期待已久的向往之情已经跃然纸上。

接着他说"齐鲁青未了。"春秋战国时代，诸侯称霸，当时称霸的诸侯有齐、楚、燕、韩、赵、魏、秦。杜甫说，泰山那青色的山脉一直延伸并且跨过齐、鲁两国，尚且看不到它的尽头。开头两句就不同凡响，写出了泰山的宏伟气势。

接下来，作者又写出了泰山的神秘之感。他觉得泰山是"造化钟神秀"。"造化"指创造宇宙的那个神灵。"钟"，是指把感情专注于某一个人或某一个地方。"钟神秀"，是说泰山没有任何人工斧凿痕迹的那种自然美丽。这句话就是说，泰山是如此的美丽，好像是造化对它情有独钟，把天地之间的灵秀之气都给了泰山了。这一句是杜甫对泰山的一个整体的印象。当作者又继续靠近泰山时，他又说"阴阳割昏晓"，这一句是说泰山之高。"阴阳"，如果用阴阳来说山水的话，那么山的北面背着太阳的那一面就叫阴，山的南面向着太阳的那一面就叫阳；而水正好与山相反，水的北面是阳，南面是阴。"昏"是昏暗不清的样子，"晓"就是破晓，是说天亮了。"割"是说泰山特别高，当太阳出来的时候，它的阴阳两面好像被刀割开一样，界线非常分明。

当杜甫越来越靠近泰山时，他眼前的泰山是"荡胸生层云"，极目远眺，映入眼帘的是"决眦入归鸟"。"眦"是眼角，"决"张开的意思，指尽量睁大眼睛往远处看，他目送归鸟向远处飞去，直到它消逝在远方，不见了踪影。

杜甫接着又说"会当临绝顶，一览众山小"。"会当"表示一定要做什么，作者是要"凌绝顶"。他说一定要爬到山的最高处，只有那样，才会"一览众山小"。正如孔子所说"登泰山而小天下"一样，所有的山峰似乎都在自己的脚下了。泰山的宏伟、泰山的不同凡响，特别是杜甫的感动，通过诗句一点点地流淌出来了。

杜甫"周览天下名山大川"的经历，开阔了视野。重要的是，这一时期的游历生活，使杜

甫增添了对祖国大好河山的喜爱之情，为他早期的诗歌带来了相当浓厚的浪漫主义色彩。当然对他后来的爱国诗篇的创作也有很大的帮助，杜甫写这首诗的时候不过二十八九岁。

公元 744 年，李白在京城长安因得罪了杨贵妃和高力士，玄宗赐金放还，到洛阳和杜甫会面，这两位大诗人的会面成为中国文学史上的一段佳话。两位诗人互相倾慕，互相帮助，并一同游历。之后，又遇见了诗人高适，三个人一同游历。这一段的游历生活，使杜甫感到非常的惬意。不久三人分别，杜甫则独自一人再次来到了京城长安。诗人这一时期的游历生活，决定了他不可能深入生活，了解人民的生活，作为一个伟大的现实主义诗人，这一时期是他创作的蛰伏和准备时期。

中国古代著名诗人

三、困守长安时期

杜甫来到了长安之后，对李白特别想念，写了好多怀念李白的诗篇。他对李白的创作风格给予高度的评价，他说："白也诗无敌，飘然思不群，清新庾开府，俊逸鲍参军。"庾开府，即南朝梁时期的诗人庾信，入周后官至骠骑大将军，开府仪同三司，其诗赋以清新俊逸见长；鲍参军，即南朝宋时期时杰出诗人，为临海王子顼参军，其诗风格俊拔飘逸，尤其擅长乐府歌行。他在诗中是对李白夸赞有加，说他兼有两大诗人的长处。

杜甫此时在长安，正是当朝奸相李林甫和杨国忠横行霸道之时，也是安史之乱爆发的前奏。游历生活之后，杜甫还是希望能够被朝廷所用，以实现他的"致君尧舜上，再使风俗淳"的远大政治抱负，但事实恰恰相反。不管他怎样的努力，换来的都是屈辱的生活。他在《奉赠韦左丞丈二十二韵》中写道：

朝扣富儿门，暮随肥马尘，残杯与冷炙，到处潜悲辛。

他每天在饥寒交迫中挣扎着，经常挨饿受冻。这是杜甫对这一段生活的真实写照，已经显现出他现实主义创作的端倪。

天宝六载（747年），唐玄宗下诏书选拔通一艺以上的士人，当时的宰相李林甫心怀鬼胎，建议由尚书省长官主试，结果应试的士人无一人录取，李林甫上表说"野无遗贤"，诗人杜甫和元结等人也在此列。当时人说李林甫"口有蜜，腹有剑。"这一次应试，使天下的士人都受到了愚弄，杜甫为此也深感沉痛，并一度想退隐，但最终，诗人还是选择了积极入世的道路，这对诗人后来的现实主义文学创作提供了一个有力的契机。杜甫在长安后，也与那些达官贵人们交往。当时最欣赏杜甫的一个人是尚书左丞韦济升，"左丞"是一个相当高的职位，杜甫希望他能够引援自己，为朝廷所用，并为此写了一首诗《奉赠韦左丞丈

二十二韵》。这首诗对了解杜甫的生平相当重要。杜甫这样写道：

纨绔不饿死，儒冠多误身。丈人试静听，贱子请具陈：

甫昔少年日，早充观国宾。读书破万卷，下笔如有神。

赋料扬雄敌，诗看子建亲。李邕求识面，王翰愿卜邻。

自谓颇挺出，立登要路津。致君尧舜上，再使风俗淳。

此意竟萧条，行歌非隐沦。骑驴十三载，旅食京华春。

朝扣富儿门，暮随肥马尘。残杯与冷炙，到处潜悲辛。

主上顷见征，欻然欲求伸。青冥却垂翅，蹭蹬无纵鳞。

甚愧丈人厚，甚知丈人真。每于百僚上，猥诵佳句新。

窃效贡公喜，难甘原宪贫。焉能心怏怏？只是走踆踆。

今欲东入海，即将西去秦。尚怜终南山，回首清渭滨。

常拟报一饭，况怀辞大臣。白鸥没浩荡，万里谁能驯！

杜甫自24岁时在洛阳应进士试落选，到写诗的时候已有十三年了。特别是到长安寻求功名也已三年，结果却是处处碰壁。杜甫在这首"二十二韵"，表示如果实在找不到出路，就决心要离开长安，退隐江湖。杜甫在这首诗中不卑不亢，直抒胸臆，将他长期郁积下来的对封建统治者压制人才的悲愤不平倾泻而出。

"纨绔不饿死，儒冠多误身。"开头一句作者就直抒胸臆，把积压在心中的愤懑不平和盘托出。他说，你看看现在的社会状况，贫富不均的现实比比皆是。富贵人家的子弟一生都不愁吃喝，只管享受奢华的生活，而读书人反而不能实现自己的抱负，白白地浪费青春和时光，事业和前程几乎成了泡影。此时的社会风气，出身和背景非常重要，如果父亲兄长是做高官的，自然就有被提升的机会，甚至于富贵显达，如果家庭没有这样的背景，只靠苦读是无能为力的。

"丈人试静听，贱子请具陈。""丈人"指的是韦济，因为他比杜甫年纪大、地位高，所以这样称呼他。"贱子"是自称、谦称。这句话是说，韦老先生请您允许我这个卑微的晚辈向你详细地说一说。

甫昔少年日，早充观国宾。读书破万卷，下笔如有神。赋料扬雄敌，诗看子建亲。李邕求识面，王翰愿卜邻。自谓颇挺出，立登要路津。致君尧舜上，再使风俗淳。

这一段话是说想当年我在少年时代就已经到长安去了，并参加了考试。（"观国宾"，国，指首都；观，指的是《易经》里"观"卦，就是说，你要想了解首都的各方面的情况，应该到那里去游历，并作为宾客去朝觐君王。）而且我读有上万卷的书，落笔写诗有如神助。人家认为我的诗可以和曹植的诗相媲美。（杜甫是非常自信的。）李邕希望与我谋面，王翰愿意与我为邻。本以为以自己杰出的才能，马上就可以考取，得到一官半职，这样就可以实现使我们的国君成为像尧舜那样圣明的君主，使日渐败坏的社会风气再度回到开元盛世那样淳朴的时代。事实上杜甫的这次考试，被戏弄了。

此意竟萧条，行歌非隐沦。骑驴十三载，旅食京华春。朝扣富儿门，暮随肥马尘。残杯与冷炙，到处潜悲辛。主上顷见征，□然欲求伸。青冥却垂翅，蹭蹬无纵鳞。

这一段话杜甫的意思是说我原本自己可以为国家做一番大的事业，但是，我的这个愿望已经落空了。（竟，指的是出乎意料之外）我到处游荡，去行歌、去做诗，可我的本意并不是要过这种"隐沦"的生

诗圣杜甫与现实主义诗歌

活。（古人所说的"行歌"代表隐士的生活；行，指的是到处游荡；歌，指的是吟啸，指杜甫吟诵古人或自己的作品）我骑着一头毛驴，在外游荡十三年之久，回到长安后，本以为可以施展自己的才华，贡献自己的才干，可有谁能想到在长安求而不得，过着像讨饭一样的生活。（乞食，指讨饭；京华春，是说首都长安是达官贵人居住的地方，这里歌舞升平，与我正好形成了鲜明的对比。）我每天只能厚着脸皮去见富贵人家，求得人家把喝剩的残羹剩菜给我，凡是我经过的地方，到处都隐藏着无限的辛酸和悲苦。

甚愧丈人厚，甚知丈人真。每于百僚上，猥诵佳句新。窃效贡公喜，难甘原宪贫。焉能心怏怏？只是走踆踆，今欲东入海，即将西去秦。尚怜终南山，回首清渭滨。常拟报一饭，况怀辞大臣。白鸥没浩荡，万里谁能驯！

这一段话，写诗人对韦济的感激、期望落空、决心离去而又恋恋不舍的矛盾复杂心情。

杜甫尽管年轻时没有中举，但他还是希望有机会再试一试。因为在中国的封建时代，你要想实现你的政治理想，只能参加考试被录用，否则就没有机会了。天宝十载的正月初一，玄宗在朝廷举行了三个重要的典礼，祭祀天地祖宗，分别是朝献太清宫、朝享太庙、有事于南郊。献赋，是中国古代的一种传统，有一些文人雅士如果考不中，就希望通过献赋来得到引见和重用。此时的杜甫已经四十出头了。"四十明朝过，飞腾暮景斜"（《杜位宅守岁》），他说40岁马上就要过去了，"人生七十古来稀"，尽管我有那么高远的志向和才华，可我的生命已经过了大半。为了使自己能够有机会得到重用，杜甫写了三篇《大礼赋》，皇帝看到了杜甫写的三篇赋，认为好，为了考考杜甫的真实水平，安排了一个特殊的考场。正如他《壮游》诗所说"天子废食召，群公会轩裳"，皇帝并没有为他而"废食"，只是召见了他，并为他一人安排了一次特殊的考试。他

中国古代著名诗人

晚年时写过一首诗《莫相疑行》，描述当时的情景是"集贤学士如堵墙，观我落笔中书堂"。那时朝廷有一个政府机关叫集贤院，顾名思义，就是把天下有才能的人聚集在这里的一个机构。唐朝中央政府有三个最高的部门，被称为"三省"：左省是门下省，右省是尚书省，中央一省即中书省，"中书堂"就是中书省里面的大堂。为杜甫单独设立的这次考试，使集贤院里许多有学问的人像一堵墙一样地把他包围了，观看杜甫在"中书堂""落笔"，考试结果也不错，皇帝让他"待制集贤院"。也就是说，皇帝相信你的才华是真实的，你被皇帝认可了，那你就等待着分配吧。皇帝欣赏杜甫，可是主管分配的人并没有把杜甫放在眼里，结果，这一耽误就是四年。四年后，分配的命令下来了，让杜甫去河西县做县尉，杜甫并没有到任。后改任为古卫率府兵曹参军，管理东宫宿卫，这是一个非常卑微的职务，杜甫到任时已经四十四岁了。杜甫尽管也做了很多努力，希望能得到一个更好的职位，可一直没有如愿以偿。

从天宝五载到天宝十四载，杜甫在长安居住的十年里，他的生活越来越贫穷。生活折磨了杜甫，也成全了杜甫，这一段的生活，使他能够深入人民生活，亲眼目睹了人民的苦难与酸痛。同时，作者也亲眼看到了统治阶级的残暴与无情。十年困守长安的生活，使杜甫由早期的浪漫主义诗人转变成了一个忧国忧民的现实主义诗人。至此，奠定了作者今后的生活道路和创作道路的方向。这一时期的代表作是《兵车行》、《丽人行》、《自京赴奉先县咏怀五百字》等。

我们先来看这首《兵车行》。

车辚辚，马萧萧。行人弓箭各在腰。耶娘妻子走相送，尘埃不见咸阳桥。牵衣顿足拦道哭，哭声直上干云霄。道旁过者问行人，行人但云点行频。或从十五北防河，便至四十西营田。去时里正与裹头，归来头白还戍边。边庭流血成海水，武皇开边意未已。君不闻汉家山

东二百州，千村万落生荆杞。纵有健妇把锄犁，禾生陇亩无东西。况复秦兵耐苦战，被驱不异犬与鸡。长者虽有问，役夫敢申恨？且如今年冬，未休关西卒。县官急索租，租税从何出？信知生男恶，反是生女好。生女犹得嫁比邻，生男埋没随百草。君不见青海头，古来白骨无人收。新鬼烦冤旧鬼哭，天阴雨湿声啾啾！

《兵车行》是一首乐府体的诗，这首诗描写战士出发时与家人的生离死别。揭露统治阶级征兵征税，使得农业生产遭到了极度的破坏，而出征的战士在战场上死亡无数。老百姓怨声载道。这是杜甫第一次正面抨击唐朝封建统治集团，是他的诗歌创作走向现实主义的里程碑。

《丽人行》原诗：

三月三日天气新，长安水边多丽人。态浓意远淑且真，肌理细腻骨肉匀。绣罗衣裳照暮春，蹙金孔雀银麒麟。头上何所有？翠微盍叶垂鬓唇。背后何所见？珠压腰衱稳称身。就中云幕椒房亲，赐名大国虢与秦。紫驼之峰出翠釜，水精之盘行素鳞。犀箸厌饫久未下，鸾刀缕切空纷纶。黄门飞鞚不动尘，御厨络绎送八珍。箫鼓哀吟感鬼神，宾从杂遝实要津。后来鞍马何逡巡？当轩下马入锦茵。杨花雪落覆白苹，青鸟飞去衔红巾。炙手可热势绝伦，慎莫近前丞相嗔。

全诗通过杨氏兄妹曲江春游的情景，揭露了封建统治者的荒淫腐朽，反映了安史之乱前夕动荡的社会现实。诗中先泛写游春仕女的体态之美和服饰之盛，之后描述杨氏姐妹的娇艳姿色。接下来写他们宴饮的奢豪及受到的宠幸、杨国忠的仗势骄横等。诗中的场面宏大而富丽，笔调细腻而生动，含蓄而又意在言外。

安史之乱是唐朝的重大政治事件，是唐朝由盛转衰的转折点，历史上也称之为藩镇之乱。杜甫由于他的经历，对国家的安危的关心，他已经意识到大乱即将发生，在天宝十四载十一月，杜甫从长安出发到奉先探望家人。玄宗依然歌舞升平，坐享其乐，杜甫感到非常的愤慨，在奉先的家里，写了一首长诗《自京赴奉先县咏怀五百字》。

　　社陵有布衣，老大意转拙。许身一何愚！窃比稷与契。居然成濩落，白首甘契阔。盖棺事则已，此志常觊豁。穷年忧黎元，叹息肠内热。取笑同学翁，浩歌弥激烈。非无江海志，潇洒送日月；生逢尧舜君，不忍便永诀。当今廊庙具，构厦岂云缺？葵藿倾太阳，物性固莫夺。顾惟蝼蚁辈，但自求其穴；胡为慕大鲸，辄拟偃溟渤？以兹误生理，独耻事干谒。兀兀遂至今，忍为尘埃没？终愧巢与由，未能易其节。沉饮聊自遣，放歌破愁绝。岁暮百草零，疾风高冈裂。天衢阴峥嵘，客子中夜发。霜严衣带断，指直不得结。

　　凌晨过骊山，御榻在嵽嵲。蚩尤塞寒空，蹴踏崖谷滑。瑶池气郁律，羽林相摩戛。君臣留欢娱，乐动殷胶葛。赐浴皆长缨，与宴非短褐。彤庭所分帛，本自寒女出。鞭挞其夫家，聚敛贡城阙。圣人筐篚恩，实欲邦国活。臣如忽至理，君岂弃此物？多士盈朝廷，仁者宜战慄！况闻内金盘，尽在卫霍室。中堂舞神仙，烟雾蒙玉质。暖客貂鼠裘，悲管逐清瑟。劝客驼蹄羹，霜橙压香橘。朱门酒肉臭，路有冻死骨。荣枯咫尺异，惆怅难再述！北辕就泾渭，官渡又改辙。群水从西下，极目高崒兀。疑是崆峒来，恐触天柱折。

　　河梁幸未坼，枝撑声窸窣。行旅相攀援，川广不可越。老妻寄异县，十口隔风雪。谁能久不顾，庶往共饥渴。入门闻号咷，幼子饿已卒。吾宁舍一哀，里巷亦呜咽。所愧为人父，无食致夭折。岂知秋禾登，贫窭有仓卒。生常免租税，名不隶征伐。抚迹犹酸辛，平人固骚屑。默思失业徒，因念远戍卒。忧端齐终南，澒洞不可掇。

　　这是一首很长也很不好读懂的一首诗。作者以真实的笔法，把所见所闻真实的记录下来了。全诗共分三大段。第一段咏怀，第二段咏怀并写赴奉先县途中所见所闻，

第三段到家前后及咏怀。下面我们来看一看作者在这首诗里都写了哪些内容：

> 杜陵有布衣，老大意转拙。许身一何愚！窃比稷与契。居然成濩落，白首甘契阔。盖棺事则已，此志常觊豁。穷年忧黎元，叹息肠内热。取笑同学翁，浩歌弥激烈。

"杜陵"是个地名，在当时首都长安的附近。"布衣"，代表的是平民百姓，因为只有贫穷的百姓才穿布衣，而那些达官贵人则穿丝帛。杜陵这个地方有一个布衣，年纪越来越大了，我不但没有变得越来越圆滑，反倒怀抱、志意越来越固执、越来越坚定，所以人家看我也就觉着更加笨拙了。"许身"，就是以身相许，也就是把自己的一生都交付出去。如果一个女子，愿意嫁给她钟情的男子，那是"许身"，那么男子呢？司马迁《史记·伯夷列传》中讲过"贪夫徇财，烈士徇名，夸者死权，众庶冯生"，就是说，贪财的人把他的一辈子都许给金钱，为了追求金钱不惜一切代价，人格、品德、良心，乃至生命。烈士死后能得到好的名声；而那些夸夸其谈的狂傲之人，为了追求权利，可以出卖自己的一切。杜甫把自己许给谁了呢？他说，我为什么会这么愚笨呢？我许身既不是名也不是利，而是我"致君尧舜上，再使风俗淳"的理想。是"窃比稷与契。""稷与契"是两个人的名字，稷，是周朝的一个祖先，也称后稷，在舜的时候曾"教民稼穑"，因此被尊奉为农业耕种的始祖。"契"在舜的时候曾任司徒之职，掌管民事，使每个人都能过上幸福安然的生活。中国古代其实最推崇的两个人，一个是后稷，再一个就夏禹。由此可见，杜甫的胸襟是非常博大的，所以说他是集大成者，因此被称之为"诗圣"，可杜甫这一腔热血，竟然落得个到处碰壁。"濩落"同"瓠落"。出自《庄子》。"瓠"是瓜的一种，庄子曾讲过这样一个故事：楚人给了我一个大瓠的种子，种上后结了一个很大的瓠瓜，大到"瓠落无所容"，已经没有可容之地了。也就是说，一个人的愿望很大，但落空了，就叫"瓠落"。杜甫又说，你看现在的我，刚四十出头，头发就都白了，可是我还是心甘情愿地去追寻，不肯放弃，宁肯穷苦。"契阔"在这里指穷苦。除非有一天我死了，盖上棺材后才算了断。也就是说，只有我还有一口气，我就不会放弃我的理想。可是杜甫一直没有得到实现理想的机会，他眼中看到的百姓是"穷年忧黎元，叹息肠内热"。在这兵荒马乱之年，他想的不是自己的忧愁，而是饥寒交迫的老百姓。一想到这里，就不由得心里一阵阵地发热。"黎"是黑色的，中国人头发是黑色的，所以秦始皇称之为"黔首"，而"黎元"合起来正是人民百姓的意思。虽然被同辈们冷嘲热讽和取笑，可我却放声狂歌，这种激昂慷慨的感情反而更加强烈了。

非无江海志，潇洒送日月；生逢尧舜君，不忍便永诀。当今廊庙具，构厦岂云缺？葵藿倾太阳，物性固莫夺。

"江海"指的是归隐，杜甫说我何尝没有隐居的打算，过那种逍遥自在的生活，心中也不会有这么多的忧愁和烦恼了。可是从我出生，我们家族就培养我的爱国和忠君的思想，而且我也是在开元盛世中度过的，我怎么忍心看着我的国家，江河日落，一天天地败坏下去。我怎么忍心丢下我的国家不管，不关心世事呢？杜甫放不下朝廷，但朝廷不要他，也不关心他。"葵藿倾太阳，物性固莫夺。""葵"指的是向日葵，也叫葵花；"藿"是一种豆类植物。他说我的本性就像葵花和豆藿这样的植物一样，花和叶子总是倾向太阳的，我也一样爱我的国家和朝廷。"倾"，是倾向的意思，是真的向那边斜过去了，有一种无形的力量在里面。"物性"，是说物的本性，就像葵花，无论你如何使它转变方向，它最终还会朝着太阳的方向。我这样忠爱，就是因为我与生俱来的感情，我的性情没有办法改变，也没有人能够用任何外力使我改变。"夺"，是用强力取得，在中

国古代，"夺"字特别指改变人内心的意志。像《论语》中所说的："三军可夺帅也，匹夫不可夺志。"是不是所有的人都像杜甫那样做的呢？

　　顾惟蝼蚁辈，但自求其穴；胡为慕大鲸，辄拟偃溟渤？以兹误生理，独耻事干谒。兀兀遂至今，忍为尘埃没？终愧巢与由，未能易其节。沉饮聊自遣，放歌破愁绝。

　　他说，你看一看那些像蝼蛄蚂蚁的那些人，给自己找一个安身立命的地方，追求名利和富贵，这正是没有理想人所追求的生活。为什么我总是羡慕大鲸鱼，要像它们一样不管惊涛骇浪都要横渡沧海？因为没有办法，我只能这样做。如果从求生的角度和道理上来讲，也许我是错的。"干"，指求，应该指追求利禄。《论语》中"子张学干禄"。就是指子张（孔子的学生）学习如何干求禄位。"谒"是指拜见达官贵人，可是我没有办法改变自己的性格，去向达官贵人屈辱求荣，我认为这样做是可耻的。"兀兀"本指高山平顶之貌，引申为兀然不动的精神。高山兀立在那里不会移动和改变，我也是如此，所以至今无所作为。可是我怎么甘心像尘埃一样，就这样默默无闻地无影无踪了呢？如果让我与许由和巢父相比，我天生就不像他们，对于天下之事可以视而不见，所以我很惭愧，我没有也不能够这样改变自己的节操和理想。我没有办法的时候，就只好以酒消愁，在饮酒中麻醉自己，以此来排遣我的忧愁。同时我还可以引吭高歌，来排解我的忧愁和痛苦。以上是这首诗的第一部分。

　　接下来的一大段主要叙述他在旅途中的所见所闻所思了。

　　岁暮百草零，疾风高冈裂。天衢阴峥嵘，客子中夜发。霜严衣带断，指直不得结。凌晨过骊山，御榻在嵽嵲。蚩尤塞寒空，蹴踏崖谷滑。瑶池气郁律，羽林相摩戛。君臣留欢娱，乐动殷胶葛。赐浴皆长缨，与宴非短褐。彤庭所分帛，本自寒女

中国古代著名诗人

出。鞭挞其夫家，聚敛贡城阙。圣人筐篚恩，实欲邦国活。臣如忽至理，君岂弃此物？多士盈朝廷，仁者宜战慄！况闻内金盘，尽在卫霍室。中堂舞神仙，烟雾蒙玉质。暖客貂鼠裘，悲管逐清瑟。劝客驼蹄羹，霜橙压香橘。朱门酒肉臭，路有冻死骨。荣枯咫尺异，惆怅难再述！

　　年终岁尾了，一年即将结束，各种草木都已经凋残零落。寒风怒吼，几乎把高高的山冈吹裂一般。"衢"本指四通八达的大道，"天衢"应该有两种说法，一种是指首都长安的街路，因为皇帝天子住在这里，这里的道路就叫天衢；另外，天衢还可以代表宽广的天空，无边无际，犹如一条没有尽头的大道。"峥嵘"的本意指的是山势的高大险峻，在这里表现的是层层的阴云。杜甫的意思是说在一个岁暮天寒的夜晚，我这个客游长安的游子准备出发了。半夜里朔风怒吼，极度寒冷，由于他穿的衣服太破旧了，以至于衣带都冻折了。他冻得浑身发抖，手指冻得连给衣服打结都做不到了。第二天终于在破晓时分经过了骊山，我们的皇帝正住在骊山那一片高山里面，"嵽嵲"一般指的是高山，但在这里隐约代表了皇帝在那里不是一件好事。"蚩尤"是传说中上古时代的一个人，相传当年他叛乱时，黄帝与他作战。蚩尤能够造一种毒雾，黄帝为了抵制这种毒雾，就发明了指南车。当杜甫经过骊山脚下的时候，满山弥漫着雾气，在这里一方面山中真的有雾气，另一方面，杜甫是在暗指天下已经是在叛乱的威胁之中了。"蹴踏"就是爬山，因为天冷路滑，所以只能小心翼翼的慢慢地走。这两句一方面是写实，另一方面杜甫也是暗指自己人生道路的艰难险阻。"瑶池"本来指的是西王母住的地方，它在中国西北方的昆仑山，西王母是这里的一位神仙。在这首诗里，瑶池指的是华清宫的温泉。这里，杜甫是暗指唐玄宗和杨贵妃在这里就像神仙一样享受着蒸气浴。"羽林"是侍卫的军队，"相摩戛"指护卫

他们的军队人很多，一个挨着一个当他们在山上巡逻时，身上的武器还会发出碰撞的声音。因为此时的社会动荡不安，贫富悬殊，那些快要饿死的百姓都想起来造反，所以皇帝出行，一定要戒备森严，以防不测。其实，在这个时候，安禄山的部队已经在渔阳起兵了，白居易《长恨歌》说："渔阳鼙鼓动地来"，就是说的此事。而唐玄宗和杨贵妃，不顾国家的安危，依然在这里享受快乐，在山下都可以听他们演奏的音乐声非常响亮而且连绵不断。"乐动"指音乐的声音起来了，这个"殷"读上声，指很响的声音。"胶葛"指连绵不断、各种声响浑杂在一起。杜甫又说，我可以想象得出，能够来到这里与皇帝贵妃同享乐的都是带着长缨高帽的一些达官贵人，没有一个穿粗布短袄的平民百姓。"缨"指帽带，古代做官的人所戴的帽子上面有带子的装饰，"褐"，指粗布。朝廷赐给那些高官的财物都是那些贫苦的女子一丝一缕地织出来的。"彤"是朱红色，"庭"是台阶前面的一片庭院。皇帝居住的地方一般都涂有红色，所以"丹陛"或者"彤庭"都是指朝廷。"帛"是一种由蚕丝织成的丝绸，也叫丝帛。这些达官贵人是怎样得到这些丝帛的呢，他们挨家挨户地去收取，而且鞭打这些人家的男子，直至把搜刮完的丝帛交出来。然后他们把这些丝帛进献给皇帝，供他们挥霍享乐。"鞭挞"的是指用鞭子来抽，织帛的是"寒女"，受"鞭挞"是则是她的"夫家"。"城阙"指宫廷。在这里杜甫只是批评了朝廷的政治，说他们欺压剥削人民，受时代的限制，杜甫对于君主却是一直爱着的，因为他经历过玄宗当年的开元盛世，也亲见玄宗，所以忠君思想还是比较严重的。于是他说"圣人筐篚恩，实欲邦国活。""圣人"指的是皇帝，"筐篚"指的是竹篓子，方形的叫筐，圆形的叫篚。杜甫这句话的意思是说，从老百姓那里搜刮来钱财之后，就一筐筐一篓篓地赏赐给他的达官贵人，因为皇帝希望得到这他赏赐的人能够做好自己的本职工作，把国家治理好。"臣如忽至理，君岂弃此物？"这两句，杜甫把他的批判的矛头指向了那些达官贵人，"忽"指忽略。说他们做大臣的如果接受了皇帝的赏赐就应该好好做事，难道皇帝就白白地把这些财物送给你们吗？"多士盈朝廷，仁者宜战傈！"朝廷中站满了所谓有识之士，有没有真正关心国家安危的，如果有的话，他在接受皇帝的恩赐时就应该惭愧得战栗发抖。"况闻内金盘，尽在卫霍室。""内金盘"，"内"指皇宫大门，指宫内非常珍贵的器物。他说皇宫里面那些珍贵的宝物和器物都到哪里去了呢，都在姓卫和姓霍的家里了。这句话用的是汉朝的典故。汉武帝有一个宠爱的妃子叫卫子夫，她的弟弟因她而做了汉朝的大将，她还有一个外甥叫霍去病也做了一个很高的官。卫霍两家为什么能够掌握国家重要的军政大权，靠的就是卫子夫，"卫霍室"指的就是外戚。在这里，杜甫暗指珍宝都到了像杨玉环家这样的皇亲国戚里边去了。接下去杜甫就想像玄宗皇帝和杨贵妃在骊山的所作所为：

"中堂舞神仙，烟雾蒙玉质。"在骊山的华清宫的中堂里像神仙一样的女子在跳舞，"烟雾"有两种可能，一是指香烟的缭绕，指指那些舞女在云烟缭绕下翩翩起舞，如梦如幻。二也可能指的是华清宫温泉的水所浮起的水雾。"玉质"指的是在烟雾缭绕下的若隐若现的美丽女子。与白居易《长恨歌》中的"春寒赐浴华清池，温泉水滑洗凝脂。"的意思相仿，指的杨贵妃在华清池的温泉中洗浴，那温泉的水非常滑润，清洗着杨贵妃如"凝脂"般的皮肤。但杜甫说起来比较严肃和庄重，尽管略带讽刺，但不至于轻薄。这一点与白居易和李商隐的口吻有很大的区别。

"暖客貂鼠裘，悲管逐清瑟。"在这么冷的冬天，那些达官贵人为了防寒都穿上貂皮鼠皮做的皮裘，管乐器与弦乐器相互配合着，听着动人的音乐。"悲"有时候不仅仅指的是悲哀，有时还有使人感动的意思。"管"是说管乐，如萧笛之类。"逐"是配合，"瑟"是一种弦

诗圣杜甫与现实主义诗歌

乐器。不但可以沐浴、听音乐，而且还有美味佳肴。"劝客驼蹄羹，霜橙压香橘。"客人们吃的是骆驼掌做成的羹汤，同时还有水果，既有秋天霜后的甜橙子，还有芬芳的橘子。

以上主要写朝廷中君臣共享奢华生活的场景，写出了他对这个时代的悲哀与愤慨。接下来，作者把笔触还是转向了奉先县的平民百姓：

"朱门酒肉臭，路有冻死骨。"这两句杜甫用最真实的笔法描述此时百姓的境遇，可谓是惊心动魄。这两句正好与前面描述的达官贵人奢华的生活形成了鲜明的对照。你们这些达官贵族，吃穿无忧，享用不尽，以至于酒肉都腐臭了，可是我现在走的这条路上，到处都是饥饿而死的老百姓。"荣枯咫尺异，惆怅难再述！"一方面是享用不尽的荣华富贵，一方面是流离失所的百姓，尽管相隔不到一个山头、一堵宫墙，可境遇差别是如此之大，令人触目惊心。我心里满怀着无限有惆怅，我对我的国家真是有说不完的悲观与失望，面对此情此景，我再也不忍心写下去了。

以上内容是这首诗的第二部分，在这首诗里，我们可以感受得到安史之乱对诗人创作的影响是非常大的。安史之乱之前，作者没有这样直观的激烈的句子如"穷年忧黎元，叹息肠内热"，"朱门酒肉臭，路有冻死骨"。时势造英雄，正因为作者经历了这样的时代，所以在他的作品里，才表现了他忧国忧民的情感。而且在创作过程中，作者已经开始有意识的利用外在的形象来象征国家的衰败，具有象征的意义。在这首诗章法安排特别微妙，但有合理合法，我们似乎在跟着他一路走来，听他跟我们讲发生在眼前的故事。

第三段：

"北辕就泾渭，官渡又改辙。""辕"是车前的横木，用来指示方向，杜甫说他的车向北方走去，走近了泾水和渭水，"泾"和"渭"是长安附近的河流，长安附近有所谓"八川"即八条河流，这是其中的两条。这时候杜甫渡过泾水和渭水交叉的路口。"辙"本来说的是车辙，车走过去留在路上的两条车轮的痕迹。作者要到奉先去，奉先在长安的东北，他从长安出来向东经过了骊山，渡过渡口后应该是再向北方走，当他经过泾渭相交的渡口时，眼前的景象是这样的：

"群水从西下，极目高崒兀。"这里因为是两条水交汇的地方，而且由于中国的地势是西高东低，所以河流大半是向东流的。作者眼前的景象是河水滔滔地从西北方流下来，那流过来的水那么高，极目望去，天连水，水连天，水好像从天边流下来似的。"崒兀"是形容山势很高。

"疑是崆峒来，恐触天柱折。""崆峒"是西方高山的名字，作者用夸张的笔法描述了眼前的景象：他说我怀疑这汹涌的河水好像是从崆峒山流下来的，它为什么这样没有遮拦地流下来，恐怕把天柱都要冲倒了。按照中国的古代传说，天有"天柱"，地有"地维"。地之所以能够不陷下去，是因为有四根大柱子维系；天之所以不塌下来，是因为有"天柱"支撑。传说共工和颛顼两个人争做帝王，共工愤怒了，"怒触不周山"，结果把不周山撞倒，支撑天的柱子也倒了。也有人说共工把天撞塌了一个洞，于是女娲才炼石补天，后来剩下一块石头，幻化成了贾宝玉，这当然都是传说了。

诗人在这里用夸张的笔法和神话的传说来表现一种暗示和象征，这波涛汹涌的水如朝廷的内忧外患一样，内有李林甫、杨国忠的贪赃枉法，外有安禄山的起兵叛乱，国家已经到了极其危急的时刻。他之所以这样写，是因为此时长安还没有被攻陷，国家还没有倾覆，可他有这样的忧虑和担心。事实上杜甫的这种担心是有根据的。水势虽然凶猛，他还是要渡过去。"河梁幸未坼，枝撑声窸窣"。他说幸而这座桥还没有被大水冲断，但桥底下那些柱子勉强支撑着，不时发出危险的声音。"坼"断裂的意思。作者一方面说的是现实中的桥本身就很危险，但同时也暗喻出时代的动荡不安，国家的摇摇欲坠落。

诗圣杜甫与现实主义诗歌

"行旅相攀援，川广不可越。"凡是在桥上走过的旅行之人，彼此都要互相牵携。而且桥底下的河流简直太宽了，不可逾越。这里作者一方面写旅途的艰辛，另一方面又象征时代的危险。

"老妻寄异县，十口隔风雪。谁能久不顾？庶往共饥渴。"此时杜甫的妻儿寄居在外县奉先。一家十口竟然在风雪般的政治环境中被隔绝。在这种饥寒交迫、生死未卜的时候，为人夫为人父的我怎能长久不顾念自己的妻儿老小，虽然我不能够衣锦还乡，但我还是要回去，跟他们同甘共苦。"庶几"是说没有办法之中唯一的办法，没有希望中唯一的希望。这就是杜甫，他对于国家，对于家人都有一份真挚的情感。

"入门闻号咷，幼子饿已卒！"可我一进家门，听到的不是欢声笑语，而是举家哀号的声音，因为我最小的儿子就在这种饥寒交迫中死去了。不仅仅如此，"吾宁舍一哀，里巷亦呜咽。"有两种含义，一方面是他家里的不幸，使得邻里都为之哭泣和同情；另一方面的意思是我可放下我自己的悲哀，可放不下的是这么多家人的不幸。"所愧为人父，无食致夭折。"我真的很愧疚，作为父亲，竟然没有饭给他吃，使他这么小就饥寒而死了。"岂知秋禾登，贫窭有仓卒。"我哪里想到，正是收获后不久的日子却发生了这次意外的变故；正是应该有粮食吃的时候竟然没有粮食吃。在这里，作者特别感到气愤的是，秋天刚刚收获完粮食，百姓还是没有吃喝，而且还发生了饿死人的事情，这真是匪夷所思。按照常理，自己家里发生了不幸，只能自顾自的悲哀和伤心，不可能再顾念他人的死活了，可是杜甫却说"生常免租税，名不隶征伐。"我已经够幸运的了，因为我毕竟还算是一个小官，吃国家的俸禄，因为我不必像那些民间的百姓那样交租纳税。而且我也不用去当兵，因为我的名字没有列在征伐兵士的名册。"隶"隶属于，"征伐"指兵籍，兵士的名册。像我这样的人，依然"抚迹犹酸辛，平人固骚屑。""抚"抚摸、触摸的意思，"抚迹"是说亲身经历的事情。

不幸的事情就发生在我身上，以我这样既免税又免征伐的人，尚且如此悲苦和酸辛，何况那些平民百姓了。"平人"就是平民，因为唐太宗名叫李世民，唐人避圣讳都不能直接写"民"。平民百姓不能免税也不能免征伐，他们的忧愁不知道要比我多多少了。"骚"是忧愁的意思，"屑"本义是琐屑、众多，这里是指好多事情。

于是杜甫"默思失业徒，因念远戍卒。"他沉默了，想到那些没有生计维持生活的人，无家可归，更想到了那些到远方当兵的人，想到他们他内心的忧愁又加深了。他从自己的不幸想到了比他更不幸的千千万万个平民百姓。所以"忧端齐终南，洞不可掇。"我一想到其他人的不幸，我忧虑的思绪就像终南山一样的高峻，像终南山的云雾一样的茫茫无边，这些忧愁使我整理不出头绪来。终南山是长安城外一座很有名的山，而且经常是云雾缭绕。"洞"指无边无际的样子。"掇"指拾掇、整理。就想李后主的词所写"剪不断，理还乱，是离愁"。（《相见欢·无言独上西楼》）

这首长诗有很强的思想性，杜甫关怀国事和同情人民的思想感情是弥足珍贵的。尽管一定程度上揭露了封建统治集团的胡作非为，但他的出发点是忠于皇帝、忠于朝廷的。这首长诗的艺术性也极高。作者构思奇妙，写景、叙事、抒情有机结合，同时又穿插了许多抒情和议论。杜甫在《进（周鸟）赋表中》说自己的诗是"沉郁顿挫"，这首诗就是一个例证。杨伦《杜诗镜铨》"但见精神，不见语言"的评价，是很中肯的。

四、陷贼为官时期

从45岁到48岁，是杜甫生活的第三个时期。是安史之乱最剧烈的时期。天宝十五载的夏天，安禄山攻陷了洛阳之后又攻陷了长安。玄宗在长安沦陷前

去"幸蜀"，到四川避难去了。玄宗在天不亮的时候，带上杨贵妃等亲近的人，不声不响地悄悄逃走了。在白居易《长恨歌》中有这样的叙述："西出东门百余里"到了马嵬坡时"六军不发"，当时随他逃跑的带兵的将军叫陈玄礼，当时军队哗变，要求杀死杨玉环和杨国忠，玄

宗没有办法，只得赐杨贵妃死。就像李商隐《马嵬二首》所说"如何四际为天子，不及卢家有莫愁。"玄宗用杨贵妃的生命换来了暂时的安宁，他反命太子李亨留下，太子在遥远的西北——甘肃的灵武即位，临时做起了皇帝，这就是后来的肃宗。此时杜甫听说肃宗即位后，把家人从奉先迁到了乡村鄜州安顿下来。在国家危难之时，杜甫一心要为国家赴难，于是只身去赴行在了。"行在"就是皇帝在旅途上临时住的地方。那时天下的许多中都在动乱中逃难，他们不愿沦陷在敌人的铁蹄之下，杜甫也在其中。不幸的是杜甫在逃亡的途中，"为贼所得"，被叛军抓了回来，被带回长安。这一年是天宝十五载，也就是至德元载——肃宗继位后就改元叫"至德"（凡是开元都论年，天宝论载，至德也论载）。

在沦陷的长安，他亲眼看到了胡人的烧杀抢掠，他与人民一道共同感受着国破家亡的痛苦。为了尽快地投身于恢复事业的工作中，他只身逃出长安，投奔皇帝临时所在地凤翔。皇帝被杜甫的忠心所感动，任命他为左拾遗，这是一个从八品、却又可接近皇帝的谏官。就在他做官的头一个月，宰相房琯司被罢相，他"见时危急"，上疏营救，触怒了肃宗，幸亏新任的宰相营救了他，被免了罪。不久，杜甫由凤翔回鄜州省亲，在羌村、在新安道上，他看到了各种各

样的惨不忍睹的景象。由于平定安史之乱是有关国家存亡的大事，因此积极响应和号召人民积极参战。他自己也积极投入到实际斗争中。这一时期杜甫写出了《悲陈陶》、《哀江头》、《春望》、《羌村三首》、《北征》、《洗兵马》和"三吏""三别"等到一系列具有高度的爱国精神的诗篇，也使杜甫的现实主义的创作达到了高峰。

《悲陈陶》，陈陶是一个地名，当长安被安禄山等叛军占领后，唐朝有军队与叛军在陈陶有过一次激烈的交锋。可惜的是唐朝有军队四万年轻的战士都牺牲了，杜甫在长安听到了这个不幸的消息后，以沉痛的心情写了这首《悲陈陶》：

孟冬十郡良家子，血作陈陶泽中水。野旷天清无战声，四万义军同日死。群胡归来血洗箭，仍唱夷歌饮都市。都人回面向北啼，日夜更望官军至。

这首诗写得极其有力量，孟冬时在附近十余郡征召来的将士四万多青年人，一天之内就被叛军全部杀死，他们的血填满了陈陶的大泽，与大泽的水融合一起流下去。战役结束了，天空放晴了，旷野中死寂一片。四万义军一天内全都牺牲了，这些叛军反倒胜利归来，他们的弓箭上还带着这四万将士的鲜血。他们唱着胡人的歌去庆功饮酒。长安城的百姓转过头来面北啼哭，因为朝廷的官兵在北方，百姓们盼望着他们能够从北方过来为他们报仇雪恨。

《哀江头》

少陵野老吞声哭，春日潜行曲江曲。江头宫殿锁千门，细柳新蒲为谁绿？忆昔霓旌下南苑，苑中万物生颜色。昭阳殿里第一人，同辇随君侍君侧。辇前才人带弓箭，白马嚼啮黄金勒。翻身向天仰射云，一笑正坠双飞翼。明眸皓齿今何在？血污游魂归不得。清渭东流剑阁深，去住彼此无消息。人生有情泪沾臆，江草江花岂终极！黄昏胡骑尘满城，欲往城南望城北。

诗圣杜甫与现实主义诗歌

这首诗写于沦陷区内，写的主要是国破家亡的悲慨。作者选择了唐玄宗和杨贵妃的故事。写唐玄宗、杨贵妃曾游幸的曲江已经是一片荒凉的景象，接着写杨贵妃的生前和死后，通过今昔对照，表现了诗人的哀伤和烦乱，以及作者对国家的前途、皇帝的命运的担忧。

《春望》

国破山河在，城春草木深。

感时花溅泪，恨别鸟惊心。

烽火连三月，家书抵万金。

白头搔更短，浑欲不胜簪。

这是杜甫五律诗中的上乘之作，这首诗写于唐肃宗至德二载（757年）。当时杜甫被困在长安，全诗通过眺望沦陷后的京城残败的景象，抒发了感时恨别，忧国思家的感情。诗中既有春望之景，又有春望之情。"感时花溅泪，恨别鸟惊心"则人们历来传诵的名联，上句是说自己有感于时局的动荡、国破家亡而伤心落泪。泪水溅于花瓣之上；下句是说自己和家隔绝，所以闻鸟鸣而心中惊慌不安。简短的两句诗，写尽了诗人忧国思家的复杂感情。

在沦陷后听长安写过一首怀念家人的五言律诗：

《月夜》

今夜鄜州月，闺中只独看。

遥怜小儿女，未解忆长安。

香雾云鬟湿，清辉玉臂寒。

何时倚虚幌，双照泪痕干。

这首诗通过描写妻儿，表现了诗人对家人的思念之情。情感真挚动人。

《羌村三首》

峥嵘赤云西，日脚下平地。柴门鸟雀噪，归客千里至。妻孥怪我在，惊定还拭泪。世乱遭飘荡，生还偶然遂。邻人满墙头，感叹亦歔欷。夜阑更秉烛，相对如梦寐。

晚岁迫偷生，还家少欢趣。娇儿不离膝，畏我复却去。忆昔好追凉，故绕池边树。萧萧北风劲，抚事煎百虑。赖知禾黍收，已觉糟床注。如今足斟酌，且用慰迟暮。

群鸡正乱叫，客至鸡斗争。驱鸡上树木，始闻叩柴荆。父老四五人，问我久远行。手中各有携，倾榼浊复清。苦辞"酒味薄，黍地无人耕。兵戈既未息，儿童尽东征"。请为父老歌，艰难愧深情。歌罢仰天叹，四座泪纵横。

"羌村"是鄜州的一个地名，这是他妻儿临时居住的地方。这是一组还家三部曲，但每一首均可以独立成篇。特别是第一首"群鸡正乱叫"，作者以朴实的语言为我们展现了小乡村的朴实的生活。在战争年代，乡村的鸡鸣狗吠，让人感到是如此的亲切和祥和。作者与妻儿见面时悲喜交集的情景感动了乡亲，乡亲们拿着薄酒来看望他，由此也可以看到杜甫及家人与当地百姓的深情厚谊。在这组诗里，作者通过乡亲的叙述，表现了对战争的不满，作为一个左拾遗，理应为百姓分忧解难，可是在这样艰难困苦的环境里，作者自身难保，所以当他接受百姓辛苦得来的东西时，深觉惭愧。他和百姓一样，为当时的战乱与苦难一同流泪。作者用行动实现了他与百姓同呼吸、共命运。当然对于"致君尧舜上，再使风俗淳"的杜甫来说，回家探亲不是他最终的目的，他希望以自己的能力为摇摇欲坠的国家出点力，为重建家园出谋划策，但事实上，他忧国忧民的理想朝廷中有谁能解呢？

《北征》

北归至凤翔，墨制放往鄜州作

皇帝二载秋，闰八月初吉。杜子将北征，苍茫问家室。维时遭艰虞，朝野无暇日。顾惭恩私被，诏许归蓬荜。拜辞诣阙下，怵惕久未出。虽乏谏诤姿，恐君有遗失。君诚中兴主，经纬固密勿。东胡反未已，臣甫愤所切。挥涕恋行在，道途犹恍惚。乾坤含疮痍，忧虞何时毕？

靡靡逾阡陌，人烟眇萧瑟。所遇多被伤，呻吟更流血。回首凤翔县，旌旗晚明灭。前登寒山重，屡得饮马窟。邠郊入地底，泾水中荡潏。猛虎立我前，苍崖吼时裂。菊垂今秋花，石戴古车辙。青云动高兴，幽事亦可悦。山果多琐细，罗生杂橡栗。或红如丹砂，或黑如点漆。雨露之所濡，甘苦齐结实。缅思桃源内，益叹身世拙。坡陀望鄜畤，岩谷互出没。我行已水滨，我仆犹木末。鸱鸟鸣黄桑，野鼠拱乱穴。

况我堕胡尘，及归尽华发。经年至茅屋，妻子衣百结。恸哭松声回，悲泉共幽咽。平生所娇儿，颜色白胜雪。见耶背面啼，垢腻脚不袜。床前两小女，补绽才过膝。海图坼波涛，旧绣移曲折。天吴及紫凤，颠倒在短褐。老夫情怀恶，呕泄卧数日。那无囊中帛，救汝寒凛栗。粉黛亦解苞，衾裯稍罗列。瘦妻面复光，痴女头自栉。学母无不为，晓妆随手抹。移时施朱铅，狼藉画眉阔。生还对童稚，似欲忘饥渴。问事竞挽须，谁能即嗔喝？翻思在贼愁，甘受杂乱聒。新归且慰意，生理焉得说？

至尊尚蒙尘，几日休练卒？仰观天色改，坐觉妖氛豁。阴风西北来，惨澹随回纥。其王愿助顺，其俗善驰突。送兵五千人，驱马一万匹。此辈少为贵，四方服勇决。所用皆鹰腾，破敌过箭疾。圣心颇虚伫，时议气欲夺。伊洛指掌收，西京不足拔。官军请深入，蓄锐伺可俱发。此举开青、徐，旋瞻略恒、碣。昊天积霜露，正气有肃杀。祸转亡胡岁，势成擒胡月。胡命其能久？皇纲未宜绝。

忆昨狼狈初，事与古先别：奸臣竟菹醢，同恶随荡析。不闻夏、殷衰，中自诛褒、妲。周汉获再兴，宣、光果明哲。桓桓陈将军，仗钺奋忠烈。微尔人尽非，于今国犹活。凄凉大同殿，寂寞白兽闼。都人望翠华，佳气向金阙。园陵固有神，洒扫数不缺。煌煌太宗业，树立甚宏达！

毛主席曾在给陈毅的信中说："诗要用形象思维，不能如散文那样直说，所以比、兴两法是不能不用的。赋也可以用，如杜甫之《北征》，可谓'敷陈其事而直言之也'，然其中亦有比、兴。"由此可见，杜甫的这首长诗叙事诗其艺术特点是非常显著的。

天宝十五载（756 年）七月，太子李亨自行即位为肃宗，尊唐玄宗为太上皇，他草创朝廷，举起了平叛的大旗，经过一年的鏖战，到杜甫写这首《北征》时，形势已经有所好转。在这首诗写成之后的一个月，长安收复，肃宗回到京城。《北征》这首诗写于唐肃宗至德二载（757 年）闰八月，这是发生安史之乱的第三个年头。在这动乱的年头里，杜甫历尽艰辛，然而为了平叛，他安顿好妻儿，只身投奔肃宗"麻鞋见天子"。肃宗封他为左拾遗，后来，杜甫回鄜州羌村省亲，因为鄜州在凤翔东北，因此诗的题目叫《北征》。

这是一首五言古诗，全诗一百四十句。他想向皇帝汇报自己在省亲路上的所闻所见。诗中叙述了他还家时的前后经过，沿途所见的景物，和家人相聚的情况，更时时追念国难，主张收复失地，叙述、议论与描写三者有机结合。全篇充满了作者忧国忧民的情怀和中兴国家的强烈愿望，真实的反映了当时的社会现实。这是一首政治性很强的叙事诗。杨伦说它和《奉先咏怀》是"集内大文章，见老杜平生大本领，所谓巨刃摩天，乾坤雷硠者，惟此种足以当之。"又说"五古前人多以质厚清远胜，少陵出而沉郁顿挫，每多大篇，遂为诗道中另辟一门径，无一语蹈袭汉魏，正深得其神理。"

全诗共分五段，第一段主要写承蒙皇上准其回家省亲，但辞别朝廷时他仍然关怀时事的情感。"虽乏谏诤姿，恐君有遗失。君诚中兴主，经纬固密勿。东胡反未已，臣甫愤所切。挥涕恋行在，道途犹恍惚。乾坤含疮痍，忧虞何时毕？"他说自己尽管缺乏谏官司的才能，但还是唯恐皇帝有什

么疏忽和遗漏。肃宗您承担着中兴的大任，治理国家确实还需要谨慎缜密。现在安禄山的叛乱尚未平息，臣下杜甫为此满怀悲愤，关心国家的安危。我含着眼泪依依不舍地离开了皇帝，离开了朝廷，归途中恍惚不安。现在我们的国家伤痕累累，满目创作，对国家前途命运的担忧，使我忧心不止。

第二段作者主要写他归途中所闻所见以及内心的感慨。诗人主要描述了田野、山色、战场。在这里诗人为我们展示了一幅满目疮痍的历史画卷，抒发了诗人无限的忧虑和期盼。

"靡靡逾阡陌，人烟眇萧瑟。所遇多被伤，呻吟更流血。回首凤翔县，旌旗晚明灭。"诗人步履艰难地穿过田野小道，这里人烟稀少，一片萧瑟凄凉，偶尔遇上人，也大多是身负重伤，有的甚至流着血，呻吟不止。诗人回过头看一看凤翔，只见那城头上的旌旗在夕阳残照中忽明忽暗地飘动着。诗人回望的是朝廷和肃宗，此时的杜甫多么希望自己能够帮助朝廷早日平叛，使我们的人民早日回到开元盛世的年代。

接着作者在百感交集中忽而变得豁达起来，这中间插入了一段山间秋色的描写：

"菊垂今秋花，石戴古车辙。青云动高兴，幽事亦可悦。山果多琐细，罗生杂橡栗。或红如丹砂，或黑如点漆。雨露之所濡，甘苦齐结实。缅思桃源内，益叹身世拙。"

诗人说，这山间的菊花是今年秋天开的，但这山石上留下的车轮印迹，年代已经很久远了。诗人望着蓝天白云，想一想山间隐逸的生活，确实令人向往和喜悦。山里的野果尽管很小，但数量却非常多，众果杂生，有可吃的橡栗，有的像朱砂那样鲜红，有的像点生漆一样的漆黑。老天爷喜降雨水，在雨水的滋润下，它们都硕果累累。想一想从前有人在桃花源里避乱隐居，感叹自己的身世和选择，越发感觉自己的愚拙了。这里，诗人表面在欣赏眼前的山色，其实内心中两种处世态度、两种生活道路在展开激烈的斗争。言语之中对朝廷颇有微词。杜甫之所以没有选择逃避，这与他的家庭和生活经历有直接的关系。他放弃归隐的闲适的无忧无虑的生活，选择了自甘其苦的道路，可朝廷和皇帝却不给他实现理想和抱负的机会，所以，他感慨成千。杜甫对皇帝还是很愚忠的，他对肃宗仍然抱有希望，在这段的结尾，他是这样写夜过战场的：

> 夜深经战场，寒月照白骨。潼关百万师，往者散何卒？遂令半秦民，残害为异物。

当他在夜里走过战乱的战场，月光照耀下的白骨纵横一片，寒气逼人。此时，他想起了安禄山攻打潼关时的惨烈景象。朝廷的百万雄师，被叛军一举击败。他们直捣长安，使得关中的百姓流离失所，国破家亡。在这里杜甫委婉的劝告朝廷和皇帝，这惨痛的教训不能忘记。在这里，作者的忧国忧民的情怀展露无遗。

第三段主要是写归家后与妻儿团聚的情景。这里，诗人着重描写了他两个天真可爱的娇女憨态，表现了诗人乱离中与家人团聚的喜与战乱时代家境的贫困交织在一起的复杂情感。

> 床前两小女，补缀才过膝。海图坼波涛，旧绣移曲折。天吴及紫凤，颠倒在短褐。

回家之后，作者把目光集中在自己的两个小女儿身上，她们穿着缝缝补补用旧绣拼凑起来的没过膝盖的衣服，衣服的海景波涛的图案被歪歪斜斜地东拼西凑。水神天吴和紫色的凤凰，头尾已经颠倒地缝在衣服上。这副模样，使做父亲的他备感辛酸。杜甫回来了给妻儿带回一点粗布，还有一些胭脂之类的化妆品，勉

强可以使妻儿能够打扮一下，这两个小女儿是如何梳妆打扮的呢？

"学母无不为，晓妆随手抹。移时施朱铅，狼藉画眉阔。"她们自己不懂化妆的技巧，但小孩子模仿的能力还是很强的。她们学着母亲化起妆来。随手乱抹，弄得满脸都是胭脂铅粉，而且学母亲画眉毛，把自己的眉毛画得很宽。这样的场景，使得杜甫啼笑皆非，但"新归且慰意，生理焉得说！"看到一家人其乐融融的样子，杜甫暂且不去计较贫困了。在这里，杜甫为我们树立了一个爱怜妻儿的形象。

写到这里，北征之行似乎已经结束了，但是，作为一个忧国忧民的诗人，他的理想是"致君尧舜上，再使风俗淳"，他想的不只是他一家人的安宁和祥和，想到的是整个社会的百姓都能过上幸福的生活。特别是他要把对国事的忧虑，对形势的理解统统告诉肃宗，希望能对朝廷有所帮助。

第四段，诗人主要写了当前形势的好转，希望以官军为主收复故土，对借兵回纥表示了担忧。"阴风西北来，惨澹随回纥。其王愿助顺，其俗善驰突。送兵五千人，驱马一万匹。此辈少为贵，四方服勇决。所用皆鹰腾，破敌过箭疾。圣心颇虚伫，时议气欲夺。"这一段是说这年的九月，西北回纥部族首领怀仁可汗，派遣其子叶护及将军帝德等率领精兵四千人来到凤翔，帮助唐王朝平定叛军。对此肃宗很赞同，并给予很大的希望。但朝廷中有不同的意见，但都不敢明说。杜甫在这里一方面肯定回纥的帮助是好的，但他同时也写出了自己的担忧，希望肃宗不能完全依仗回纥，要靠自己的力量平定叛乱。

第五段写叛乱发生后朝廷还是清除了奸臣，他相信肃宗一定会使国家兴旺起来。在这段中，主要是对皇帝的赞颂。按照封建时代的礼数，以赞颂形式作结也不足为奇，是顺理成章的事情。诗的最后两句"煌煌太宗业，树立甚宏达"，期待朝廷和皇上能够重建开元盛世的辉煌，使唐王朝中兴发达起来。

总之，在当时，作者写出了《北征》这样的作品，还是有一定的进步意义的，但杜甫毕竟是一个忠于朝廷和皇帝的士大夫形象，他把希望完全寄托于唐肃宗，他对封建制度不可能有深刻的理解和剖析，这是时代的局限性。作为一个伟大的现实主义诗人，他已经是一个站在时代前列的伟大作家了。

唐军收复了长安时，杜甫也写了一些律诗。杜甫在唐军收复洛阳后，全家迁回长安。途中再过昭陵，写了《重经昭陵》一首排律，因为是收京后的作品，其心情不再像前面那些律诗那样的悲慨了。回长安后，他也写了一些表现宫廷和个人生活的诗。758 年 3 月，杜甫又写了一首《洗兵马》，表现了杜甫关心时事，关注农业生产和人民的思想感情。

新乐府组诗"三吏"、"三别"指的是《新安吏》、《潼关吏》、《石壕吏》《新婚别》、《垂老别》、《无家别》。这时，由于安史之乱，使得整个社会动荡不安，百姓流离失所，生活在水深火热之中，这组诗，是杜甫由洛阳重返华州任所，沿途目睹百姓被迫征兵服役，写出了这一组诗。在这组诗里，表现了诗人对国家、社会局势的忧虑，对人民的同情。六首诗的内容各有侧重，写法也各有不同。在这组诗中，《石壕吏》是最为著名的。

《石壕吏》

暮投石壕村，有吏夜捉人。老翁逾墙走，老妇出门看。

吏呼一何怒，妇啼一何苦！听妇前致词：三男邺城戍。

一男附书至，二男新战死。存者且偷生，死者长已矣！

室中更无人，惟有乳下孙。有孙母未去，出入无完裙。

老妪力虽衰，请从吏夜归，急应河阳役，犹得备晨炊。

夜久语声绝，如闻泣幽咽。天明登前途，独与老翁别。

全诗共分三部分。

头四句为第一部分，交代了诗人的行踪及正逢"有吏夜捉

人"的事实。在这四句话中，我们可以看到，由于战乱，使得朝廷不停地征兵，老百姓可谓是深受其害。而"有吏夜捉人"说明抓人征兵已经是家常便饭了，所以，当"吏"捉人时，老翁早有准备，越墙逃走了。由此可看，作者对征兵一事，已经表明了自己反感的态度。

中间十六句为第二部分，以老妇的陈述为中心，写吏"捉人"的经过。老妇人一方面陈述自己家里三个男孩有两个已经战死了，另一个也还在战场上。希望"吏"能手下留情，不要再到她家里来捉人了。接下来老妇说家里"更无人"，"惟有乳下孙"。最后当被逼无奈时，老妇主动请求跟从"捉人"吏离去。

最后四句是第三部分，即使是年老的妇人也被强征服役了。在这里，孕育着极其复杂的情感。作者在这里一方面对眼前所看到的"吏夜捉人"一事进行了真实的再现，表明了自己对这一事件的反感和无奈，同时也为老妇一家为平定叛乱做出的牺牲而感叹不已，在这首诗里诗人的内心是非常矛盾的，一方面诗人也希望早日平定叛乱，另一方面，对朝廷强行征兵表现愤恨，对人民在战乱中所做出的牺牲表示同情，表达了作者忧时伤乱的情感。

从写《自京赴奉先县咏怀五百字》到写"三吏"、"三别"，前后不到四年的时间。这段时间里，杜甫目睹了国破家亡的惨境，也品尝到了逃难生活的艰辛，他被叛军抓过，他亲眼看到了叛军在长安城内的烧杀抢掠，他也看到了战后沙场的惨烈；他冒着生命危险逃出长安去见皇帝，也冒死直谏，他为时局的动荡不安、百姓的流离失而痛哭流涕，为思念家人而辗转反侧，他品尝了初见家人时悲喜交集的滋味。这一段的生活经历使诗人经历了千种磨难，但同时，也使得诗人为我们留下了宝贵的不可多得的文学遗产。

当然在他这些作品里足以说明他的"沉郁顿挫"的风格，思想感情的郁积和表现手法的含蓄是他形成这种风格的主要因素。当然，杜甫在这种风格之中，也通过真实的细节描述，表现极其生动的情趣，虽然笔力深沉，但逸趣横生。

五、漂泊西南十一年

　　杜甫在长安收复之后曾做了左拾遗的谏官，但好景不长，朝廷不但不采纳他的建议，而且把他贬了出去。《曲江二首》是他贬官之前的作品，作品写得非常悲哀。不久他就被外迁（有贬逐之意）到华州，让他做华州（陕西省）的司功参军，这是刺史手下的一个属官，主管人事考核，如果杜甫贪赃枉法的话，这还真是一个肥缺。可杜甫为人正直，当杜甫主持考试的时候，把上至州刺史下至应考的学生全都得罪了。

　　据《新唐书》上载，乾元二年的秋天，杜甫因为关中饥荒，弃官把全家迁到了秦州（现甘肃天水西南）。他有一个叫杜佐的侄子在秦州，听说这里还不错，就来到了这里。其实，弃官不做并不是杜甫的本意。在他的《秦州杂诗二十首》诗里曾说"满目悲生事，因人作远游。"他说，我眼里看到的都是一些社会上许多工作令人悲哀的事情，因为人际、人情的关系，我远游去了秦州。还说"平生独往念，惆怅年半百，罢官亦由人，何事拘形役"。他目睹了战役使得社会动荡不安、民不聊生，所以不得已要举家迁至秦州。他在《秦州杂诗》里说"瘦地翻宜粟，阳坡可种瓜"，因为杜甫在秦州比较干旱，所以比较适合赞成粟米，那里有很多的山坡，我可以在向阳的山坡上种瓜。可是，这里冬天特别冷，他的侄子也不是很富有，他在离开秦州时写过的诗中这样说道："无食问乐土，无衣思南州。"就是说我种植的东西没有收获，现在已经没有可吃的东西了，想一想哪里能有一方乐土，让人吃饱而且还不冷？于是他就想到温暖的南方去。

　　他在秦州的生活还是非常艰苦的，但在这样的条件下，杜甫从未敢忘怀过国事，在他《遣兴三首》、《留花门》

等诗中都不同的反映了这方面的内容。其中《佳人》这首诗，通过写一个在乱离中被丈夫遗弃的女人的遭遇，曲折地反映了自己在政治上的怀才不遇。

诗人在秦州期间，一直对李白不能忘怀。有时在梦中经常会梦见李白。曾写了《梦李白二首》等悼诗，对李白给予了中肯的评价，在其二首中这样写道：

冠盖满京华，斯人独憔悴。孰云网恢恢，将老身反累？千秋万岁名，寂寞身后事。

杜甫写这首诗，其实是他疑心李白已不在人世。后来他又得到李白的消息后，写了《寄李十二白二十韵》，又表现了自己欣喜若狂的感受，由此可以看出杜甫对李白的深情厚谊。

杜甫在这个时期中，已经将五言诗发展到了炉火纯青的地步。其最重要的代表作品是《秦州杂诗二十首》，这是一组五言律诗。在这组诗中，写景的地方很多，而且各有其妙。当然其中也有不少作品抒写了自己感想和怀抱，很令人感动。难怪宋人林亦之说："杜陵诗卷是图经。"杜甫这时期的五律也有一些谈到了戍边战士防备吐蕃进攻的以及对吐蕃作乱的忧虑、与回纥和亲、借兵平乱失败等内容。这时期还有一些咏物的诗，借咏物来借喻，抒写自己的遭遇。代表作品如《归燕》、《促织》、《蒹葭》等。

杜甫由于在秦州的生活窘迫，一直想带领全家离开秦州。这时，甘肃成州同谷县的县令写信欢迎他去。杜甫考虑到同谷地产丰富，比较容易解决温饱问题，因此兴致勃勃地前往，可在去的路上，杜甫看到的都是一些不合理的社会现象。从秦州到同谷，他一共写了十二首纪行诗。来到同谷之后，那位同谷县令并没有怎么援助过他，这时的杜甫不过48岁左右，但已经是白发蔽耳的老人了。这段时期，可以说是杜甫一生中最穷困潦倒的时期。在西行期间他有一首名篇《乾元中寓居同谷县作歌七首》，这里面有写对故乡的思念、对家人的依恋，对国家的担忧，也有一些比较激愤的内容，这组诗中前两首是这样写的：

中国古代著名诗人

其一

有客有客字子美，白头乱发垂过耳。

岁拾橡栗随狙公，天寒日暮山谷里。

中原无书归不得，手脚冻皴皮肉死。

呜呼一歌兮歌已哀，悲风为我从天来。

其二

长铲长铲白森柄，我生托子以为命。

黄独无苗山雪盛，短衣数挽不掩胫。

此时与子空归来，男呻女吟四壁静。

呜呼二歌兮歌始放，闾里为我色惆怅。

第一首是说有一个叫杜子美的人居住在这里，五十岁左右就已经披散着满头白发。他每天到山上捡人家用来喂狙的橡子和栗子吃。这时候天寒地冻，为了寻找吃的，我一直要等到黄昏时分才能回家。

第二首是写他生活的窘迫。他拿着用来维持生计的铲子，用它可以挖黄独的根苗，黄独是一种类似于洋芋、白薯之类的植物，其根可食。如果天不下雪，很容易看到露在地面上的秧苗，可以把它的根挖出来吃。可是，如果漫天大雪的时候，大地被雪覆盖，就很难找到它的秧苗，于是只好把衣服挽起来，可是衣服太短小以至于连小腿都盖不住了。由于天降大雪，等到晚上也没有找到黄独，所以只好空手而归，回到家里，只听到饥饿的呻吟声，因为他饥寒交迫，累得也说不出话来了。这种情况下，诗人不能再坐以待毙，恰好在四川的朋友约他去成都，想到那里物产丰富，一年之中粮食可以收获两到三次，所以杜甫举家开始迁往四

川的成都。

诗人在同谷县大概呆了一月，759年年底，诗人终于来到了成都。这次南行到成都，作者也写了不少五言古诗。自《发同谷县》到《成都府》共十二首。这一年来，作者几经周折，为他的创作也提供了许多宝贵的素材。在《发同谷县》诗中说："奈何迫物累，一岁四行役?"这是说他在759年这一年里，他去了四个地方，最终来到了四川成都。沿途作者也写了一些使人如临其境的作品，特别是写了一些歌唱祖国壮丽山河的作品。当然，诗人也写了一些对国事的担忧，对地方割据的担忧。在《成都府》中作者由衷地歌颂了这座名城，但他依然不能忘怀中原。

诗人来到四川成都之后，这里的天气确实比较暖和，当地的长官对杜甫也非常好。在大家的帮助下，他在成都的西郊浣花溪边盖了一所草堂，草堂原是一座古寺。在它周围，有一条浣花溪，这条溪水有三丈宽左右，就像一条小河，从西往东流着。这里的风景秀丽，环境幽雅，溪边也住有一些人家。这时他的表弟资助了他一些钱财，让他把草堂修缮了一番，他又从朋友那来要来一些花草树木，亲自种植。这座草堂可以说是杜甫和他家人以及亲朋好友共同营造的。不管怎样，杜甫经过千辛万苦，总算有了一个落脚的地方，而且对颠沛流离的杜甫来说，这是他一生中比较安定的时期，为此他还写了一首七言律诗：

《堂成》

背郭堂成荫白茅，缘江路熟俯青郊，

桤林碍日吟风叶，笼竹和烟滴露梢。

暂止飞乌将数子，频来语燕定新巢，

旁人错比扬雄宅，懒惰无心作解嘲。

可见，他用心血建造的这一处避风港，使得诗人欣喜若狂。尽管这里的条件并不是特别好，但一直过着漂泊不定生活的诗人，总算是有了落脚之地，使得他的心灵多少得到了一些安慰。

　　杜甫从华州到四川的漂泊生活经历了十一年。尽管一路上经历了千辛万苦，但他始终没有忘怀国家、忘怀朝廷，更没有忘记人民。在这漂泊的十一年中，作者竟然写出了一千多首诗。《茅屋为秋风所破歌》、《登岳阳楼》、《闻官军收河南河北》、《又呈吴郎》、《曹田父泥饮》、《诸将》、《秋兴八首》、《岁晏行》等都是此时期创作的优秀作品。这一时期的作品与前期不同的是，创作方法和手段更加成熟、形式更加多样化。其思想内容更加深刻了。在成都呆了八九年之后，杜甫一心想要在自己的家乡终老。在《奉送严公十韵入朝》中说："此生那老蜀，不死会归秦。"他不希望自己死在异乡，希望有一口气，也还是要回到自己的故里——长安。而由于安史之乱之后，藩镇割据的现象非常严重，再加上长安曾经一度沦陷在吐蕃人的手中，于是杜甫选择了水路回长安。后来，他听说朝廷的军队收复了河南河北，便写了一首《闻官军收河南河北》：

剑外忽传收蓟北，初闻涕泪满衣裳。

却看妻子愁何在，漫卷诗书喜欲狂。

白日放歌须纵酒，青春作伴好还乡。

即从巴峡穿巫峡，便下襄阳向洛阳。

　　762年，唐朝军队在陕州向安史叛军发动了猛烈的进攻，并相继收复了洛阳、河阳等地。接着，又进军河北。763年的正月，叛军首领史朝义走投无路，自缢而死，到此，延续了七年零两个月的安史之乱，终于被平息了。杜甫当时正漂泊在梓州，听到这一消息之后，欣喜若狂，悲喜交集，这首诗也被后人誉为"生平第一快诗"。在这首诗里，诗人一方面写出了当听到官兵平定叛乱后欢喜

流泪的情感，杜甫得知好消息后，便大声地唱歌、豪放地喝酒，他要在春光的陪伴下，回到自己的故乡去。他计划好了自己的路线，先从成都到重庆，走水路经过巴峡、巫峡，然后到湖北的襄阳，转路回到北方的洛阳去。此时的杜甫无法抑制自己的兴奋心情，已经"喜欲狂"到了极点。如果说杜甫的诗一直是以"沉郁顿挫"为主要风格，那么这首诗则表现了诗人昂扬轻快的风格。

诗人果然开始从四川出发了，在此之前，诗人曾坐船到了湖南的岳阳，登上岳阳城的城楼，写下了这首《登岳阳楼》：

> 昔闻洞庭水，今上岳阳楼。
> 吴楚东南坼，乾坤日夜浮。
> 亲朋无一字，老病有孤舟。
> 戎马关山北，凭轩涕泗流。

他在归乡的路上，在湖北、湖南漂泊了二三年。770年冬天，杜甫死在了由长沙到岳阳的一条破船上，但诗人一直未能魂归故里，继续漂泊了四十三年。813年，他的孙子杜嗣业将"诗圣"停在岳阳的灵柩归葬偃师。

白居易与新乐府

　　白居易是唐代著名诗人，他在文学上积极倡导新乐府运动，主张"文章合为时而著，歌诗合为事而作"，写下了不少感叹时世、反映人民疾苦的诗篇。白居易乐府诗的内容重在对不合理现象的抨击，白居易的新乐府无论从体式上还是内容上对后世都有深远的影响。

一、白居易生平经历

白居易（772—846 年），字乐天，晚号香山居士，唐代下邽（今陕西渭南）人，是中国文学史上负有盛名的诗人和文学家。他的诗在中国、日本和朝鲜等

国有广泛影响，晚年官至太子少傅，谥号"文"，世称白傅、白文公。在文学上积极倡导新乐府运动，主张"文章合为时而著，歌诗合为事而作"，写下了不少感叹时世、反映人民疾苦的诗篇，对后世颇有影响。著有《白氏长庆集》七十一卷。

白居易的一生以 44 岁被贬江州司马为界，可分为前后两期。前期是"兼济天下"时期，后期是"独善其身"时期。白居易于贞元十六年（800 年）29 岁时中进士，先后任秘书省校书郎、盩厔尉、翰林学士，元和年间任左拾遗，写了大量讽喻诗，代表作有

《秦中吟》十首和《新乐府》五十首，这些诗使权贵切齿、扼腕、变色。元和六年，白居易母亲因患神经失常病死在长安，白居易按当时的规矩，回故乡守孝三年，服孝结束后回到长安，皇帝安排他做了左赞善大夫。元和十年六月，白居易 44 岁时，宰相武元衡和御史中丞裴度遭人暗杀，武元衡当场身死，裴度受了重伤。对如此大事，当时掌权的宦官集团和旧官僚集团居然保持镇静，不急于处理。白居易十分气愤，便上疏力主严缉凶手，以肃法纪。可是那些掌权者非但不褒奖他热心国事，反而说他是东宫官，抢在谏官之前议论朝政是一种僭越行为；还说他母亲是看花时掉到井里死的，他写赏花的诗和关于井的诗，有伤孝道，这样的人不配做左赞善大夫陪太子读书，应驱逐出京。于是他被贬为江州司马。实际上他得罪权贵的原因还是那些讽喻诗。

贬官江州给白居易以沉重打击，他说自己是"面上灭除忧喜色，胸中消尽

是非心"，早年的佛道思想开始滋长。三年后他升任忠州刺史。元和十五年，唐宪宗暴死在长安，唐穆宗即位，穆宗爱白居易的才华，把他召回了长安，先后做司门员外郎、主客郎中知制诰、中书舍人等。但当时朝中很乱，大臣间争权夺利，明争暗斗；穆宗政治荒怠，不听劝谏。于是白居易极力请求外放，穆宗长庆二年出任杭州刺史，杭州任满后任苏州刺史。晚年以太子宾客分司东都。70 岁致仕。比起前期来，他消极多了，但他毕竟是一个曾经有所作为的、积极为民请命的诗人，此时的一些诗，仍然流露了他忧国忧民之心。他仍然勤于政事，做了不少好事，如他曾经疏浚李泌所凿的六井，解决人民的饮水问题；他在西湖上筑了一道长堤，蓄水灌田，并写了一篇通俗易懂的《钱塘湖石记》，刻在石上，告诉人们如何蓄水泄水，认为只要"堤防如法，蓄泄及时"，就不会受旱灾之苦了。这就是著名的"白堤"。

白居易的祖父白湟、父亲白季庚及外祖父都是诗人，在这种家庭背景下，白居易读书十分刻苦，但白居易和李白、杜甫一样，也嗜酒成性。张文潜在《苕溪渔隐丛话》中说：陶渊明虽然爱好喝酒，但由于家境贫困，不能经常喝美酒，与他喝酒的都是打柴、捉鱼、耕田的乡下人，地点在树林田野间；而白居易家酿美酒，每次喝酒时必有丝竹伴奏，童伎侍奉，与他喝酒的都是社会上的名流，如裴度、刘禹锡等。

据《穷幽记》记载，白居易家有池塘，可泛舟。他有时在船上宴请宾客，命人在船旁吊百余只空囊，里面装有美酒佳肴，随船而行，要吃喝时，就拉起，吃喝完一只再拉起一只，直至吃喝完为止。如此说来，与陶渊明的苦况相比，当然不同。方勺《泊宅编》卷上说：白乐天多乐诗，二千八百首中，饮酒者八百首。这个数字不算小。他喝酒时，有时是独酌。如在苏州当刺史时，因公务繁忙，便用酒来排遣，他是以一天酒醉来解除九天辛劳的。他说：不要轻视一天的酒醉，这是为消除九天的疲劳。如果没有九天的疲劳，怎么能治好州里的人民。如果没有一天的

白居易与新乐府

酒醉，怎么能娱乐身心。他是用酒来进行劳逸结合的。

更多时候是同朋友合饮。他在《同李十一醉忆元九》一诗中说："花时同醉破春愁，醉折花枝当酒筹。"在《赠元稹》一诗中说："花下鞍马游，雪中杯酒欢。"在《与梦得沽酒闲饮且约后期》一诗中说："共把十千沽一斗，相看七十欠三年。"在《同李十一醉忆元九》一诗中说："绿蚁新醅酒，红泥小火炉。晚来天欲雪，能饮一杯无？"如此等等，不一而足。河南尹卢贞刻《醉吟先生传》于石，立于墓侧。传说洛阳人和四方游客，知白居易生平嗜酒，所以前来拜墓都用杯酒祭奠，墓前方丈宽的土地上常是湿漉漉的，没有干燥的时候。

白居易逝世时，时年75岁，葬于龙门山。他去世后，唐宣宗写诗悼念他说："缀玉连珠六十年，谁教冥路作诗仙？浮云不系名居易，造化无为字乐天。童子解吟《长恨》曲，胡儿能唱《琵琶》篇。文章已满行人耳。一度思卿一怆然。"

二、新乐府和新乐府运动

乐府是秦汉时主管音乐的官署，其职能是掌管宫廷、巡行、祭祀所用的音乐，制定乐谱，训练乐工，同时采集民间诗歌和乐曲。六朝时，人们从音乐观点出发，把乐府官署所采集、创作的歌词，统称为"乐府诗"，或简称为"乐府"，"乐府"就逐渐演变成为一种诗体名称了。这就像"驸马"这一名称的演变，驸马本是汉朝的官名，可魏晋以后，皇帝的女婿照例做这个官，因此驸马就成为皇帝女婿的专称，它的本义反倒逐渐淡化了。"乐府"也同样经历了这样一个演变过程，除汉代的乐府诗外，魏晋至唐可以入乐的诗歌，以及仿乐府古题的诗歌，也都被称为"乐府诗"或"乐府"。乐府诗除要求配乐歌唱外，其形式与古体诗没有什么区别，是古体诗的一种。乐府诗相当一部分采自民间，具有通俗易懂、反映现实和可以入乐几个特点。后来文人也仿作乐府诗，唐代把南北朝以前的乐府诗统称作古乐府。

"新乐府"是以白居易、元稹为代表的唐代诗人共同创建的一种用新题写时事的乐府式的诗歌体裁，它是针对乐府古题诗而言的。由于汉代以后的诗人在仿作乐府诗时拘泥于旧题旧调，使这一诗体大大失去了原有的光彩，虽然也有少数人的作品是借旧题写时事，但题目与内容既不协调，又限制了反映现实的范围。于是，初唐诗人写乐府诗，除沿袭汉魏六朝乐府旧题外，已开始有人另立新题，至李白、杜甫时更是大加发展。杜甫的《兵车行》、《丽人行》等，用乐府新体描写时事，做到了"即事名篇，无复依傍"，增强了诗歌的现实意义。宋代郭茂倩指出："新乐府者，皆唐世之新歌也。以其辞实乐府，而未尝被于声，故曰新乐府也。"

新乐府的特点：一是用新题。建安以来的作家们歌写时事，多因袭古题，

往往内容受限制，且文题不协。白居易以新题写时事，故又名"新题乐府"。二是写时事。建安后作家有自创新题的，但多无关时事。既用新题，又写时事，始于杜甫。白居易继其传统，以新乐府专门美刺现实。三是不以入乐与否为衡量标准。新乐府诗可以"播于乐章歌曲"。从音乐角度看是徒有乐府之名，而在内容上则是直接继承了汉乐府的现实主义精神，是真正的乐府。但真正明确标出"新乐府"的名称，并从理论上加以概括总结，使之成为一种有意识的写作准则，并推广形成为诗歌改革运动的，则是中唐著名诗人白居易。他所写的五十首《新乐府》，广泛地反映了人民的疾苦，并表示了极大的同情。他提出了"文章合为时而著，歌诗合为事而作"的创作主张，认为诗歌应植根于现实生活，强调形式必须为内容服务。

新乐府运动，是由唐代诗人白居易、元稹等所倡导的一场诗歌革新运动。这类诗的特点是：自创新题，咏写时事，体现汉乐府的现实主义精神。白居易、元稹、李绅、张籍、王建是这一运动中的重要作家。白居易的《新乐府》五十首、《秦中吟》十首，元稹的《田家词》、《织妇词》，张籍的《野老歌》，王建的《水夫谣》，为新乐府运动中的优秀作品。

新乐府运动是贞元、元和年间特定

时代条件下的产物。这时，安史之乱已经过去，唐王朝正走向衰落。一方面，藩镇割据，宦官擅权，赋税繁重，贫富悬殊，吐蕃侵扰，战祸频仍，社会生活各方面的矛盾进一步显露出来；另一方面，统治阶级中一部分有识之士，对现实的弊病有了更清楚的认识，他们希望通过改良政治，缓和社会矛盾，使得唐王朝中兴。这种情况反映在当时的文坛和诗坛上，便分别出现了韩愈、柳宗元倡导的古文运动和白居易、元稹倡导的新乐府运动。

元和四年（809年），李绅首先写了《新题乐府》二十首（今逸）送给元稹。元稹认为"雅有所谓，不虚为文"，于是"取其病时之尤急者，列而和之"，写作了《和李校书新题乐府十二首》。后来白居易又写成《新乐府》五十首，正式标举"新乐府"的名称。白居易还有《秦中吟》十首，也体现了同样的精神。新乐府作为诗歌运动，其创作并不限于写新题乐府。当时张籍、王建、刘猛、李馀等人，既写新题乐府，又写古题乐府，都体现了诗歌革新的方向。元稹原与白居易、李绅约定"不复拟赋古题"，后来见到刘猛、李馀所作古乐府诗，感到"其中一二十章，咸有新意"，于是又和了古题乐府十九首。虽用古题，但或"全无古义"，"或颇同古义，全创新词"，其实质、作用与新乐府是一致的。这样，在当时形成了一个影响很大的诗歌运动，文学史上称之为新乐府运动。

白居易在《与元九书》、《新乐府序》、《寄唐生》、《伤唐衢》、《读张籍古乐府》、等诗文中，元稹在《和李校书新题乐府序》、《乐府古题序》等诗序中，阐述了新乐府运动的理论主张。所谓"文章合为时而著，歌诗合为事而作"，"为君、为臣、为民、为物、为事而作，不为文而作"，明确提出了新乐府运动的

基本宗旨。所谓"救济人病，裨补时阙"，"上以补察时政，下以泄导人情"，"风雅比兴外，未尝著空文"，强调了诗歌的社会功能和讽喻作用。所谓"惟歌生民病"、"但伤民病痛"、"讽兴当时之事"，反对"嘲风雪、弄花草"，是主张诗歌要有社会内容，要反映民生疾苦和社会现实弊端。所谓"根情、苗言、华声、实义"，"其辞质而径"，"其言直而切"，"其事核而实"，"其体顺而肆"，"非求宫律高，不务文字奇"，则是要求诗歌的形式与内容统一，为内容服务，表达直切顺畅，让人容易接受。这些诗歌理论，一反大历以来逐渐抬头的逃避现实的诗风，发扬了《诗经》、汉魏乐府和杜甫以来的优良的诗歌传统，是具有进步意义的。

新乐府运动的创作，既然要针砭现实、指斥时弊，自然就不得不触犯许多权势者。白居易说，他的诗曾使得"权豪贵近者相目而变色"，"执政柄者扼腕"，"握军要者切齿"，竟至"言未闻而谤已成"，可见斗争是很激烈的。元和十年，白居易横遭毁谤，远谪江州，以他为主要倡导者的新乐府运动也因此受到挫折。事实上，统治阶级的腐败和现实政治的黑暗，也使得新乐府运动已无法再继续下去。尽管如此，它在中国诗歌史上仍留下了光辉的一页，并对后世诗歌的发展产生了深远的影响。晚唐皮日休作《正乐府》十篇，聂夷中也多写反映现实的乐府诗，就是对新乐府运动传统的直接继承。白居易、元稹等诗人或"寓意古题"，或效法杜甫"即事名篇"，以乐府古诗之体，改进当时民间流行的歌谣，积极从事新乐府诗歌的创作。白居易的《新乐府》五十首和《秦中吟》十首，元稹的《田家词》、《织妇词》、《和李校书新题乐府十二首》，是他们的代表作。张籍的乐府三十三首以及《野老歌》、《筑城词》、《贾客乐》等诗歌，反映了战争给人民带来的苦难，揭露了统治者对人民残酷的剥削和奴役。

王建在《水夫谣》中描写了驿船纤夫的悲惨生活。《田家行》、《簇蚕辞》则揭露了封建赋役的残酷。李绅曾作新题乐府二十首，惜已无存。他的《悯农》诗二首："春种一粒粟，秋收万颗子。四海无闲田，农夫犹饿死"，"锄禾日当午，汗滴禾下土。谁知盘中餐，粒粒皆辛苦"，已成为千古传诵的名诗。

新乐府运动由于前有杜甫开创的传统，后有元结、顾况继其事，张籍、王建为先导，到了"元白"时期，明确地提出了"文章合为时而著，歌诗合为事而作"的一整套理论，加之元、白诗才盖世，写作了大量新乐府诗歌，给当时以极大影响，使这一伟大的文学运动取得了巨大成就，并在中国诗歌史上产生了深远的影响。

白居易与新乐府

三、白居易创作新乐府诗歌的用意

关于白居易创作新乐府诗的用意，一般认为是诗人出于裨补时政的动机，那些涉及民风的作品则为了讽喻时事、倡导风俗教化。在传统儒家的政治学说

中，"风"是一个重要的概念，"风教"也是一项重要的治国方略。"风教"的施行包含"观"与"教"两项任务。"观"即"观民风"，用以了解社会风气，察看政治效果。"教"即教化、教导，"教"的任务是在"辨风"后，制定新政令，树立"新风"标准，借之引导民风。"观民风"与"树新风"结合起来，就是传统儒家政治理论中"行风教"的基本内容。白居易的政论核心是"王教"，也就是"风教"。"诗教"是"风教"的重

要形式，"采诗"自然成为推行儒家风教政治的首要环节，白居易倡导恢复西周采诗制，正是他标举儒家风教政治传统的具体表现。欲真正革除当今政治的弊端、再现周朝治世风貌，必须建立一整套观民风、听民声、补时政、导人情的行政制度，而他所倡议的采诗制应该担当起这一重任。建设政治制度的同时，白居易对于诗坛的状况也自有期待，白居易盛赞讽逸君、诲贪臣、感悍妇、劝薄夫等作品，从中可见他的乐府主张：取法乎《诗经》，讲究兴寄、追求作品的美刺功效，对上讽喻规谏，对下能感劝世人。这是白居易综合了《诗经》的"美刺比兴"精神传统与汉乐府行"风俗教化"之创作实践后提出来的，做到这两点，也就再次接续了周代的风教传统。在白居易的采诗察政理论宏图中，向上"补察时政"与向下"泄导人情"是双向并取的用以实现新乐府功能的两个方面。白居易迫不及待地进行《新乐府》创作，以体察民情、感劝世俗之心，为未来采诗官提供可采之诗的范本。《新乐府》以并不受朝廷青睐的形式创作，更待尚未设置的采诗官从民间采之，配乐之后奏于朝廷，这一回环曲折中显示

中国古代著名诗人

了白居易的良苦用心。

白居易不仅有自觉而强烈的维护诗歌之风雅比兴传统的意识，并且将其与风教政治建设紧密联为一体。《新乐府》成为此期白居易的诗歌主张与政治理想相结合的"新"乐府诗标本。细审五十篇《新乐府》，按照诗人的写作意图及作品的言说对象，可分两类：一是"代民请命，劝谏君主"即所谓"劝上"类；二是"训俗化下，泄导人情"即所谓"化下"类。

前一类中，既包括如《卖炭翁》、《红线毯》等意在"使下人之病苦闻于上"的作品，也包括如《七德舞》、《法曲》、《海漫漫》等直接劝谏君主的作品，两者总以"劝上"为意。

后一类中，依据作者讽刺教化的指向，又可分四组：

哀雅音沦丧，虑新声惑人。声音之道，本与政通，古人一向认为审视音律可以察知世运国风，"倡雅排俗"也是白居易推行礼乐教化的重要表现。从《五弦弹》诗可知，白居易理想的音乐是"正始之音"。诗中所说"清庙"即《诗经·周颂·清庙》，联系诗人"恶郑之夺雅"的创作宗旨，可知所谓"正始之音"即指如《诗经·清庙》一样的雅颂之乐。白居易提倡"正始之音"，自然反对五弦之乐。"五弦"指五弦琵琶，是唐代燕乐的主要乐器。杜佑《通典》曰："五弦琵琶，稍小，盖北国所出。"用器乐都有五弦。《燕乐伎》中既有大五弦，也有小五弦。据元稹、白居易诗

的描绘，五弦琵琶的音乐特点是"繁音促节"。技艺高超的乐人弹奏五弦，能真切传达哀怨、杀伐之声情。与使人心气平和的"正始之音"比，五弦乐震荡人心、动人心魄，表露出重娱乐感人的新俗乐的特质。与五弦乐不同，古琴之音，闲远清淡，可视为"正始雅音"的代表。中唐人提倡复兴古道，诗文中往往取用"琴"这一物象，韩愈力作《琴操》十首即为明证。琴与"古

白居易与新乐府

道"相关联的同时又与"抗俗"取得一致。疏朗清淡的古琴乐象征了具有正直操守的人格品性。雅颂之乐，有利风教，郑卫之音，止于乱人心、亡国事。白居易倡导雅音、排斥郑卫，哀叹"人情重今多贱古，古琴有弦人不抚"，实出于推行礼乐风教的动机，表现出对世风民情、社会人心的深切关怀。

刺胡风乱华，严华夷之辨。责斥胡风乱华，严华夷之辨，表现出白居易捍卫中华传统文化的自觉意识，且进一步表现为政治的教化。元稹《胡旋女》诗以"胡旋女"比杨妃，借"醒悟玄宗"以讽谏今上。白居易却将"胡旋"视为胡地传来的一种时代风尚，不固指某一个人，诗云："天宝季年时欲变，臣妾人人学圜转"，"从兹地轴天维转，五十年来制不禁"。衣着容貌也是审视一国风俗的重要标准，白居易自创《时世妆》一题，同样意在警戒胡风乱华。安史之乱后，社会矛盾日渐增多，人们的忧患日益深广，在初盛唐并不为人所忧虑的胡风胡俗，至中唐却成为政治家们所严厉批驳的对象。《新乐府》中的《两朱阁》诗，即专刺"佛寺浸多"。此时的唐人，对于外来文化的接受心态已渐由"开放、吸收"转变为"排斥、自卫"。白居易从乐舞、妆容等方面对胡风胡俗进行有意识的抵制，已经不仅仅是将华、胡两种文化进行对比，而是出于政治教化目的的政治文化抵抗。

刺世风奢靡，忧民风不淳。排斥外来文化干扰的同时，白居易又试图以儒家"美教化，移风俗"之诗教标准，匡革日渐衰变的社会风习，着眼于风俗的教化。自天宝后，世风趋于奢靡，不少有识之士对此深表忧虑，新乐府创作中对这一问题尤为关注。京城勋贵竞相修宅造园，马磷在京师"治第舍，尤为宏侈"，这股大兴土木、广造亭台之风已成社会隐患，《杏为梁》诗即由此而发。《草茫茫》意在批驳民间厚葬风习。厚葬之风，有唐一代屡禁难止。元和三年五月，郑元修奏议"王公士庶丧葬节制"，但其时"厚葬成俗久矣，虽诏命颁下，事竟不行"，《牡丹芳》、《古冢狐》两诗则试图反拨当代重华轻质、重貌轻德的审美风尚。唐人具有赏牡丹之狂热情绪，乐天《秦中吟·买花》也提及"家家习为俗，人人迷不悟"。可见《牡丹芳》虽云"美天子忧农"，深旨乃在讽诫

"重华轻质"之审美风尚。唐人信奉狐神，唐人笔记中有大量关于狐怪的记载，"以色惑人"是这类传说故事的一大主题。此类故事的盛行，恰恰反映了当时社会在对女性价值的评判上重貌不重德的思想倾向。而儒家向来宣扬重德轻色，《古冢狐》之"戒艳色"，诚可为普天下男子所深识。

从传统儒家的伦理、道德标准出发，白居易还对现实社会中官不守位、人心浇薄的不良世相进行整顿。自汉代以来，朝廷考察吏治往往与观采地方风俗结合在一起。《黑潭龙》一诗借祭龙神之仪式揭露、抨击地方官吏诱骗乡民，掠取财物之不良行径。唐代民间的祭祀风气很盛，太宗初即位就下诏革正此俗，但后之君王仍然惑于其事。李肇《唐国史补》载唐肃宗以王屿为相，"尚鬼神之事，分遣女巫遍祷山川"，"每岁有司行祀典者，不可胜纪，一乡一里，必有祠庙焉"，地方官以"禳灾祈福"扰民已是社会焦点问题之一。元和四年，宪宗也曾与李箍就禳灾祈福之事有过当面讨论。君明臣贤的时代自来就是儒家子弟所追慕的，《太行路》一诗"借夫妇以讽君臣之不终"，从劝谏君主方面立意，《司天台》、《城盐州》、《西凉伎》、《紫毫笔》、《秦吉了》等诗则就"为臣之道"进行教诲。树立"新风"的标准，可以通过讽刺暴露，也可以采取美颂的方式，《青石》就是一篇通过美颂来"激忠烈"的乐府诗。《道州民》也歌颂了为民请命的地方官阳城，树立了良官良吏的标准。关注君臣关系的同时，"经夫妇"也是诗人进行伦理道德教化的重要内容。《母别子》关注已婚女子的人生处境，《井底引银瓶》则意在警戒未婚女子，为"止淫奔"而作。"始乱终弃"的现象，当时可能相当普遍，这从元稹《莺莺传》、蒋防《霍小玉传》中两位女主人公的遭遇可以见出。对于遭遇"始乱终弃"的莺莺，她的痴情虽博得众人同情，但社会舆论对张生也未作任何指责。同样，《井底引银瓶》中所表露的作者的态度，也是同

白居易与新乐府

情与劝教，这与其主张"教化"的思想有关。此外，《天可度》一诗所云，显然是带有普遍性的格训之言。实现民风淳朴是儒家推行风教政治的重要标志，也是王化之治的重要标志。风俗浇薄、人心不古的社会是绝对称不上"王化"的。对君臣之道、夫妇之道以及人与人之间关系的处理，白居易都从儒家伦理道德方面的要求有针对性地作了教导、规范。以上所述既有"观民风"的作品，也有"树新风"的作品，诗人分别从礼乐教化、政治教化、风俗教化、伦理道德教化等层面实践了其风教政治中"化下"的理念。值得注意的是，《新乐府》中直接针对"民风"或间接关涉"民风"的作品近乎其总量的一半，社会风习以及道德教化问题在白居易的乐府理论构图中确实占有不小的比重，这些作品与"劝上"类作品合在一起，完整地体现了白居易的风教政治观念。

四、白居易新乐府诗的特点

白居易的新乐府诗，描绘了中唐时期在阶级矛盾日益尖锐的情况下，劳动人民的痛苦生活和悲惨遭遇，揭露了贪官污吏对人民穷凶极恶的剥削压榨，对

种种不合理的社会现象给予了愤怒的鞭笞和有力的抨击。诗人大义凛然、无所畏惧，虽使"权豪贵近者相目而变色"、"执政柄者扼腕"、"握军要者切齿"，仍坚持斗争、奋不顾身。这种政治上的勇气和胆识，是值得我们敬佩的。它表现了

作者强烈的社会责任感，也反映了他思想中高度的人民性。我们应当给予充分的肯定。当然，白居易的新乐府诗歌的理论和实践也存在一些问题。例如在他著名的《与元九书》中，当谈到从《诗经》时代到中唐几千年的诗歌创作时，他的选择去取的标准就只有一个，即是否存"讽"。凡是没有讽喻之义的，便予以抹杀。"晋宋以还，得者盖寡。以康乐之奥博，多溺于山水；以渊明之高古，偏放于田园。江、鲍之流，又狭于此。""至于梁陈间，率不过嘲风雪、弄花草而已……然则'余霞散成绮，澄江静如练'，'离花先委露，别叶乍辞风'之什，丽则丽矣，吾不知其所讽焉。"甚至唐代也没有多少值得称赞的作品："所可举者，陈子昂有《感遇诗》二十首，鲍防有《感兴诗》十五首。"李白"索其风雅比兴，十无一焉"，杜甫则"撮其《新安吏》、《石壕吏》、《潼关吏》、《塞芦子》、《留花门》之章，'朱门酒肉臭，路有冻死骨'之句，亦不过三四十首"。这样的批评标准，显然是对唐初"折中文质"的美学思想、对盛唐诗人兼收并蓄、转益多师的美学追求的一种背离。尽管白居易的全部诗歌创作也并没有完全受这一思想的局限，但这种思想的影响却是明显的。因为写诗的目的仅仅是为"讽谏"，他必然过多强调"愿得天子知"、"时得至尊闻"的一面。他把全部希望寄托在"帝心恻隐知人弊"上，渴望着"然后君臣亲览而斟酌焉，

白居易与新乐府

政之废者修之，阙者补之；人之忧者乐之，劳者逸之"。渴望着用"白麻纸上书德音，京畿尽放今年税"这样的模式，来解救天下人的苦难。这种对最高统治者的依赖，暴露出诗人思想上的局限性，也使他的诗降低了批判现实的意义。

由于作者以诗歌为谏草，只是把一切须要讽谏之事写入诗中，而不考虑是否适于用诗歌表达，所以他的一些诗不可避免地带有概念化的倾向。叶嘉莹先生曾说白居易的讽喻诗是"为道德而道德"，"往往只是出于一种理性的是非善恶之辨"。就部分作品而言，这种批评是有一定根据的。他的诗中还有一些率易浅露、乃至生硬枯燥的议论。如《华原磬》一诗中的"始知乐与时政通，岂听铿锵而已矣"、《太行路》中的"人生莫作妇人身，百年苦乐由他人……不独人间夫与妻，近代君臣亦如此"、《草茫茫》中的"奢者狼藉俭者安，一凶一吉在眼前"等等。这样的议论，因为太尽太露，缺少血肉，往往流于苍白的说教。宋张戒说白诗"其词伤于太繁，其意伤于太尽"，清张谦宜说他"语直而味短"，宋人张舜民甚至说"白乐天新乐府几乎骂"。这些也都并不完全是苛责。

诗中往往融入议论。因为作者"惟歌生民病"的目的，就是"愿得天子知"，所以当他看到人民的痛苦、社会的不平时，便急切地希望最高统治者知道这一切。于是描写之际，就不乏议论。他的有些议论，是能够融化在形象之中和描写有机结合在一起的，比如《缭绫》一诗，通过对缭绫的描写，反映了"汉宫姬"和"越溪寒女"相去天壤的生活状况，深刻揭露了统治阶级的荒淫奢侈，是一首思想性和艺术性结合得比较好的诗。这首诗的结尾是有议论的，但这些议论是和全诗的描写和谐交织在一起的。由于诗的前面有对缭绫精美的"中有文章又奇绝……天上取样人间织"的描写，所以后面"缭绫织成费功绩，莫比寻常缯与帛。丝细缲多女手疼，扎扎千声不盈尺"的议论就显得很自然，宛如作者深沉的叹息。又因为前面作了"织者何人衣者谁？越溪寒女汉宫姬"这样的铺垫，所以结尾的"汗沾粉污不再著，曳土蹋泥无惜心……昭阳殿里歌

中国古代著名诗人

舞人，若见织时应也惜"的议论也就在情理之中，不显得突兀。此外，如《红线毯》一诗，在叙述了宣州百姓织染红线毯的艰辛过程之后，作者发出了"宣州太守知不知？一丈毯，千两丝，地不知寒人要暖，少夺人衣作地衣"的议论，对宣州太守掠民媚上的行为进行了斥责。又如《轻肥》一诗，在写出了内臣权贵们的豪华盛宴之后，突然用"是岁江南旱，衢州人食人"冷峻地作结，使这人间惨状与前文的描写形成鲜明的对比，作者的议论即在不言之中。如《买花》中"一丛深色花，十户中人赋"、《歌舞》中"岂知阌乡狱，中有冻死囚"这样的"片言居要"大大加强诗歌的主题，同时又能结合描写、自然生发的议论，在白居易的讽喻诗中还有很多。

　　白居易的新乐府诗还创造了一种明白浅显、通俗易懂的语言。彭乘《墨客挥犀》中曾有这样一段记载："白乐天每作诗，令一老妪听之，问曰：'解否？'曰：'解。'乃录之；不解，则又复易之。"虽然未必实有其事，但白居易的新乐府诗在有意识地追求一种平易浅俗的语言风格，则是毫无疑问的。我们看《杜陵叟》中的"剥我身上帛，夺我口中粟。虐人害物即豺狼，何必钩爪锯牙食人肉"、《卖炭翁》中的"卖炭得钱何所营，身上衣裳口中食。可怜身上衣正单，心忧炭贱愿天寒"、《上阳白发人》中"玄宗末岁初选人，入时十六今六十"等等，都是一种没有华丽辞藻和深奥典故的、明白如口语的、大众化的语言。但同时，这些诗句又极其深刻地揭示了统治阶级对人民的残酷压迫，揭示了人间的苦难和社会的不公，具有强烈的感染力。过去有人以"白俗"责之，确是有失公允之论。清人袁枚曾说："白傅改诗，不留一字。今读其诗，平平无异。意深词浅，思苦言甘。寥寥千年，此妙谁探？"刘熙载也曾指出："常语易，奇语难，此诗之初关也。奇语易，常语难，此诗之重关也。香山用常得奇，此境良非易到。"都说明白诗之"俗"，是寄托了作者的苦思深意，为了使"见之者易谕"而以浅显出之的"俗"，是经过诗人精心锤炼、"此境良非易到"的艺术化之"俗"。而正是这样的"俗"，使得白诗能够在社会上更加广泛地流传。

《新乐府》多用三三七或三七杂言之句式。陈寅恪先生在《元白诗笺证稿》中曾有论述，指出：新乐府与民间歌谣俗曲有关联，《新乐府》是以毛诗、乐府古诗以及杜甫诗来改进当时民间流行之歌谣。吴相洲则进一步分析了元白新乐府与佛经变文在句式上的关系，但认为元白作新乐府"要改良的恐怕不是民间俗曲，而是宫廷的乐曲，对民间俗曲是借鉴，而不是改造"，具有"新歌诗"性质的《新乐府》组诗。由于不仅有播于乐府、为上所闻的意愿，更有教化民心、引导世风的现实要求，其大量取用三三七以及杂用三七言体，很可能是诗人为这批具有特殊意义的"新歌诗"找寻与之最相适配的形式表达的一种努力。民间通俗诗以及释氏歌赞在这方面的成功经验必然为白居易所注意：一是，三三七体有独特的节奏感，便于口头传播，易于记诵，且有广泛的民间接受传统；二是，从内容功能看，三七杂言体本有论说评议的应用传统，才被佛家取来用以宣扬释门义理、劝化俗众。白居易之《新乐府》既以"行风教"为意，自然也考虑到作品的实际接受状况。五十篇《新乐府》中，起首句用三言的共三十六篇，其中"一句三言"式十四篇，"两句三言"式二十二篇。句首的三七杂言，无论是三七式，还是三三七式，主要起到强调篇题的作用。三言节奏短促，内容表达明确集中，与节奏较舒缓的七言结合后，可以产生"一顿一叹"的韵律效果。乐天既有"首章标其目"的打算，故《新乐府》多以三言起首，为点题之用，其后再接以七言或五言对前面的"点"加以阐述，引出全篇议题。七言较之三言在叙事、抒情功能上要好，但若求简洁明快、迅速吸引人们的注意力，并在最短时间内给人留下深刻印象，三言就表现出它的优越性了。《新乐府》中三三七以及三七杂言体的运用确实较之变文中要灵活丰富得多，诗人刻意经营这一形体结构，不仅取其节奏的流利上口，也考虑到了这种句式的内容表达功能。新乐府尽量在语言及体式的运用上，以有辅教化为准则。

中国古代著名诗人

五、白居易新乐府对后世诗歌的影响

    白居易以《新乐府》五十首为代表的"讽喻诗",作者本人在生前是颇为看重的,但在当时的诗坛上,似乎影响并不大。对此,白居易曾作过比较实事求是的分析。他说:"至于讽喻者,意激而言质;闲适者,思淡而词迂,以质合迂,宜人之不爱也。"他认为,表达思想尖锐激烈,语言质朴平

实,是人们不喜爱他的"讽喻诗"的原因。显然,他是从我们现代人所谓接受美学的角度看待和分析问题的,可以说抓住了文学作品在传播过程中十分关键的问题。晚唐时期,继承白居易新乐府的现实主义精神的作家作品不少,但在体裁和风尚上都与之迥然不同。即使在表达思想感情上"意激"还是颇有白居易的倾向,但在艺术上吟咏咀嚼的韵味,显然胜过白居易的新乐府,尤其是晚唐诗人运用五七言近体诗所写的乐府作品。特别应当说清楚的是,自白居易生前开始,人们对他的诗歌的爱好、效法,就比较集中地表现在他的闲适、感伤、杂律诗上。上引白居易说当时人不爱他的闲适诗,当然是事实。但他《与元九书》的写作时间是在被贬为江州司马的元和十年(815 年),年代较早。到了长庆四年(824 年),元稹在《白氏长庆集序》中虽然仍说"乐天《秦中吟》、《贺雨》讽喻闲适等篇,时人罕能知者",但同时还说到他与白居易之间始自"同校秘书"的早年,直到"各佐江(州)、通(州),复相酬寄"的百韵律诗及杂体诗,"巴、蜀、江、楚间洎长安中少年,递相仿效,竞作新词,自谓'元和诗'"。这样,使得他们这部分诗歌传播极广,"自篇章已来,未有如是流传之广者"。从内容上说,白居易、元稹广为流传的诗歌即"闲适"、"感伤"之类。这就充分说明了在白居易生前,他的广为传播,为人所喜爱、效法的诗歌是闲适诗,但其新乐府则不太为人们所喜爱。在整个中晚唐时期的诗坛上,白居易最有影响的恰恰就是这类"元和体"诗歌,尽管晚唐诗坛上有一股继承

其新乐府发展而来的余风。唐末五代时期，白居易的"讽喻诗"，特别是其中的《新乐府》五十首，曾引起过一些诗人的注意，并不断有人拟作，产生了一定的影响。如四明人胡抱章作《拟白氏讽谏》五十首，亦行于东南，然其辞甚平。后孟蜀末杨士达亦撰五十篇，颇讽时事。尽管这些作品已经亡逸，说明其成就不高，不足以流传后世，但这个创作现象本身则反映了白居易新乐府在当时产生过影响的事实。不过，在这段历史时期里，白居易诗歌更巨大、深远的影响，恐怕还是在于沿袭元《白氏长庆集序》所说的流风，又适应末世的需要，进一步演变发展了的"元和体"风尚。

稍后成为北宋初年最早一批代表诗人的李畴、徐铉等人，就是从五代十国入宋的，他们的诗歌创作崇尚白居易，深受其浅易流畅的"元和体"诗风的影响。正是由于上述原因，白居易的"元和体"在宋初诗坛上大畅其风。"白体"诗人的创作风尚，就是"元和体"在宋初社会条件下，封建士大夫优游岁月的生活趣味和情调的反映。在此基础上，我们进一步考察白居易诗歌对整个宋代诗坛的影响可以发现，白居易浸润有宋一代诗人的，主要还是"元和体"。它突出的表现，就是其闲适旷达的旨趣，平易浅近的诗风，极为广泛而深刻地影响了宋代诗人，因而成为建构"宋调"风格范式的一个基本渊源。对宋代的许多诗人，都可以从这个角度来观察、认识他们对白居易的学习、效法。我们不妨具体来看看这方面的情况。范仲淹说："我欲抽身希白傅"，"元白邻封且唱酬"。这位著名的政治家也要效法白居易闲适的生活态度，诗歌创作上也深受"元和体"的影响。苏颂当然更是学习"白体"的著名诗人，其实他仿效的就是"元和体"。就连梅尧臣也有学习"白体"，诗风平实直遂或流利婉畅的一面。张耒《效白体二首》之类明标学习"白体"的诗篇不少，阅读一下便知是学习"元和体"的风尚。南宋诗人效法"白体"的也不少，张镃说杨万里效白体："白傅风流造坦夷"，颇得其风神。范成大晚年也很喜爱"元和

体"，他曾多次在诗中说过："香山老去病中诗"，"乐天号达道，晚境犹作恶"。他的作品中确实有不少类似白居易的闲适之作。其实，即使是欧阳修、苏轼、陆游等大诗人，他们的诗歌里也都表现出一些"元和体"风尚。研读他们的作品，不难得到体认。与白居易的"元和体"诗歌在宋代大畅其风相反，他的"讽喻诗"似乎被人们冷落了。在这种文学背景下，甚至出现了对白居易新乐府深度不满的现象。北宋中期诗人张舜民可谓是这当中的典型。张舜民谓乐天《新乐府》几乎骂，乃为《孤愤吟》五十篇以压之。然其诗不传。这恐怕不是一个孤立的现象。白居易的新乐府是

以反映"时"、"事"，干预社会，"救济人病，裨补时阙"为职志的。在宋代，具有这种精神实质的诗歌并不少见。宋代文人关心社会，议论时政的热情很高，他们的文学创作从多方面对此进行了充分的表现。但是，仅以继承乐府的传统，运用乐府的形式来表现上述思想内容而言，宋人或用汉魏乐府的体式，或用唐代"张王乐府"的范式，特别是喜爱运用后者为多。宋初王禹偁在其诗歌创作上转变了"白体"诗风之后写的一些诗篇，如《感流亡》、《乌啄疮驴歌》、《对雪示嘉韦祐》、《江豚歌》等，是有白居易"讽喻诗"的精神，也有其韵致的。从此以后，有宋一代，这样的情形好像就很少出现了。

　　然而，宋代学习、效法古乐府、"张王乐府"的诗人则比较多，形成了一道独特的诗坛景观。梅尧臣《田家语》、《汝坟贫女》等名篇，属于古乐府的风尚。张舜民不满白居易新乐府，他的诗歌比较明显地效法古乐府，如《关山月》、《紫骝马》、《城上乌》、《打麦》等诗，都是显例。南宋初年，曹勋对古乐府的学习、继承更为全面和深入。他拟写古题的作品较多，在意旨、体制、格调等方面，也都大有古乐府的韵致。就是他的那些即事名篇的新题乐府诗，在艺术特征上，也同样以效法古乐府为主导倾向。宋代诗人效法"张王乐府"

似乎更为突出。他们既在题材内容上比较全面地继承了"张王乐府"，广泛地关注社会现实，反映民主疾苦，还体现了诗人们的日常生活情怀；又在艺术上效法"张王乐府"，一般都具有平易浅明的风尚，却又显示出精悍简练的特色。宋代许多诗人从理论探讨、创作实践上都对"张王乐府"极为重视，取得的成就确实令人注目。这种情况与宋代诗人几乎没有谈论白居易的"新乐府"，也很少在创作上效法它，形成了极为鲜明的对照。究其原因，关键在于"张王乐府"雅俗皆可入诗的题材取向和明白浅近、简练精深的艺术风尚，比较符合宋代诗人的追求和趋向。到了元代诗坛上，白居易新乐府不受重视的情况却有较大的改观。就我们所涉猎的资料而言，元代诗人从理论上阐发白居易新乐府的极少见到，但他们在创作上学习、效法白居易新乐府的却是比比皆是。元初的王恽，在其诗歌里就有所表现。他曾在诗里说："拾遗乐府即谏章，相国丝伦号新格。""谏章"就是指白居易早年身为谏官拾遗时所作的《新乐府》十五首、《秦中吟》十首等诗篇，表明他对白居易此类诗是比较重视的。他的一些作品如《流民叹》、《贺雨诗》、《驱狼行》等，确实在一定程度上具有白居易讽喻诗的倾向。他的咏史七古如《羽林万骑歌》等，在意绪上也显然有取于白居易《新乐府》五十首里吟咏唐代本朝有关政治、文化上的史实的篇章，明显具有白居易新乐府的风韵。

元代诗人学习、效法白居易的新乐府，真正形成一种创作倾向，颇有一点声势，取得较高成就，是在元代后期。遁贤、杨维桢、朱德润、傅若金、周霆震、王冕等人都是其中比较突出的人物。遁贤效法白居易新乐府的诗篇，比较集中反映了当时的民生疾

中国古代著名诗人

苦，颇为符合白居易"惟歌生民病"的写作主张。代表作有《新乡媪》、《卖盐妇》、《颖州老翁歌》、《新堤谣》等诗。它们的选材比较典型，所写的都是下层劳动人民中的"老媪"、"老翁"的苦难生活和悲惨遭遇；并且都采用让主人公"自述"的现身说法方式，一篇围绕一个中心问题来写；叙写刻画比较仔细详赡，使这些诗篇都成为真实性极强的叙事诗。这种创作机杼，完全可以从白居易《新乐府》五十首里得到确切的体认。将遁贤上述诗篇与元、白的新乐府理论和白居易《新乐府》五十首进一步加以对照，我们还可以发现，遁贤学习、效法白居易新乐府极为认真，可以说达到了刻意的程度。诸如在即事名篇，自立新题；首句标目，卒章明志，义归讽谏，经常运用对比手法；叙事详明，情节具体仔细；诗风通俗质朴，造语平实浅易等方面，都深得白居易新乐府的精髓。遁贤的朋友评述其《新乡媪》诗说："其词质而婉，丰而不浮，其旨盖将归于讽谏云尔。昔唐白居易为乐府百余篇，以规讽时政，流闻禁中，即日擢为翰林学士。易之他诗，若西曹郎、颖州老翁等篇，其关于政治，视白居易可以无愧，而藻绘之工殆过之矣。"遁贤的此类诗篇，从思想内容、精神实质、创作目的、写作特色、艺术风尚等许多方面确实有意识地继承了白居易的新乐府，其逼真神似的程度，自晚唐五代以来，没有人能够比得上他，应当引起我们的足够重视。

　　杨维桢的诗歌，以"铁崖体"在元代文学史上占有重要的一席。但他喜爱乐府，诗歌里有大量的记事名篇、因事立题之作，并且内容广泛，表现了作者对历史和现实中的许多问题的看法。这类作品往往具有较强的叙事性，作者又喜爱写上"小序"，交代有关事实，或说明写作主旨，显然沿袭了《诗经》以及白居易《新乐府》五十首的做法。虽然它们多以诡怪的"铁崖体"为基本特色，但其中一些以表现民生疾苦为主旨的篇章，如《卖盐妇》等诗，叙写详细，故事完整，通俗平实，质朴浅切却是与白居易的新乐府颇为接近的。总之，杨维

白居易与新乐府

桢的诗歌受白居易新乐府的影响是明显的事实，尽管在其诗歌创作中不能算是主导倾向。

朱德润、傅若金、周霆震、王冕等人都是元末作家，他们的诗歌创作也都受到白居易新乐府的影响。他们在这方面的诗篇，或侧重于批判谴责社会弊端，或侧重于同情人民疾苦。

朱德润显然属于前者。他的《德政碑》、《官买田》等诗，都是揭露统治者不良的政治措施和某些社会黑暗现象的。这些现象的受害者都是劳动人民，所以，他们也就从这个角度对民生疾苦寄予了很大的同情。他们在题材内容、精神实质上与白居易的新乐府是一致的，有着明显的承传关系。在艺术表现上，两者之间的关系也是密切的。如在立题名篇上，朱德润是仿效白居易的；一首诗只集中表现一个问题，反映一种现象的构思结撰方式，也与白居易讽喻"一事一吟"相一致；还有在首句标目、卒章明志的结体上，在注重叙写和议论相结合的基本写作方法上，在较多地运用杂言，特别是民歌体的"三三七"等句式上，在建立通畅流利、平易质朴的诗风上，都与白居易新乐府颇为相似。可以看出朱德润是悉心仿效白居易新乐府的。无独有偶，傅若金的《南屯老翁行》与朱德润的上述诗篇颇有相类似之处。以"老翁"的口吻，叙述其一家人在乱世的艰难窘境，全诗叙事详细，造语平实，意旨明白。说到底，它与白居易新乐府的风韵很接近，渊源于此也是显而易见的。周霆震的乐府较多，有的沿袭古题，更多的是自立新题，明显受唐代杜甫、元稹、白居易、张籍、王建等人的影响，如他的《悲武昌》、《豫章吟》、《征西谣》、《李浔阳死节歌》等诗。有的诗比较讲究运用对比手法，效果强烈；有的喜爱运用"小序"，尽管它们多是记叙性的文字，而不是点明写作主旨，恐怕仍然受《诗经》及白居易新乐府的启发。这些作品多关乎时事，作者的爱憎鲜明，感情十分强烈，可以看到它们与白居易的新乐府是有承传关系的。

六、白居易新乐府诗鉴赏

序曰：凡九千二百五十二言，断为五十篇。篇无定句，句无定字，系于意，不系于文。首句标其目，卒章显其志，《诗》三百之义也。其辞质而径，欲见之者易谕也。其言直而切，欲闻之者深诫也。其事核而实，使采之者传信也。其体顺而肆，可以播于乐章歌曲也。总而言之，为君、为臣、为民、为物、为事而作，不为文而作也。元和四年，为左拾遗时作。

《七德舞》

七德舞，七德歌，传自武德至元和。元和小臣白居易，观舞听歌知乐意，
乐终稽首陈其事。太宗十八举兵，白旄黄钺定两京。擒充戮窦四海清，
二十有四功业成。二十有九即帝位，三十有五致太平。功成理定何速？
速在推心置人腹。亡卒遗骸散帛收，饥人卖子分金赎。魏征梦见子夜泣，
张谨哀闻辰日哭。怨女三千放出宫，死囚四百来归狱。
剪须烧药赐功臣，李绩呜咽思杀身。含血吮疮抚战士，思摩奋呼乞效死。
则知不独善战善乘时，以心感人人心归。尔来一百九十载，天下至今歌舞之。
歌七德，舞七德，圣人有作垂无极。岂徒耀神武，岂徒夸圣文。
太宗意在陈王业。王业艰难示子孙。

中国古代著名诗人

《海漫漫》

海漫漫，直下无底旁无边。云涛烟浪最深处，人传中有三神山。山上多生不死药，服之羽化为天仙。秦皇汉武信此语，方士年年采药去。蓬莱今古但闻名，烟水茫茫无觅处。

海漫漫，风浩浩，眼穿不见蓬莱岛。不见蓬莱不敢归，童男髫女舟中老。徐福文成多诳诞，上元太一虚祈祷。君看骊山顶上茂陵头，毕竟悲风吹蔓草。何况玄元圣祖五千言，不言药，不言仙，不言白日升青天。

《上阳白发人》

上阳人，红颜暗老白发新。绿衣监使守宫门，一闭上阳多少春。

玄宗末岁初选入，入时十六今六十。同时采择百余人，零落年深残此身。忆昔吞悲别亲族，扶入车中不教哭。皆云入内便承恩，脸似芙蓉胸似玉。未容君王得见面，已被杨妃遥侧目。妒令潜配上阳宫，一生遂向空房宿。宿空房，秋夜长，夜长无寐天不明。耿耿残灯背壁影，萧萧暗雨打窗声。春日迟，日迟独坐天难暮。宫莺百啭愁厌闻，梁燕双栖老休妒。莺归燕去长悄然，春往秋来不记年。唯向深宫望明月，东西四五百回圆。今日宫中年最老，大家遥赐尚书号。小头鞋履窄衣裳，青黛点眉眉细长。外人不见见应笑，天宝末年时世妆。

上阳人，苦最多。少亦苦，老亦苦，少苦老苦两如何？

君不见昔时吕向美人赋，又不见今日上阳白发歌。

《新丰折臂翁》

新丰老翁八十八，头鬓眉须皆似雪。玄孙扶向店前行，左臂凭肩右臂折。

问翁臂折来几年，兼问致折何因缘。翁云贯属新丰县，生逢

圣代无征战。

惯听梨园歌管声，不识旗枪与弓箭。无何天宝大征兵。户有三丁点一丁。

点得驱将何处去？五月万里云南行。闻道云南有沪水，椒花落时瘴烟起。

大军徒涉水如汤，未过十人二三死。村南村北哭声哀，儿别爷娘夫别妻。

皆云前后征蛮者，千万人行无一回。是时翁年二十四，兵部牒中有名字。

夜深不敢使人知，偷将大石锤折臂。张弓簸旗俱不堪，从兹始免征云南。

骨碎筋伤非不苦，且图拣退归乡土。此臂折来六十年，一肢虽废一身全。

至今风雨阴寒夜，直到天明痛不眠。痛不眠，终不悔，且喜老身今独在。

不然当时沪水头，身死魂飞骨不收。应作云南望乡鬼，万人冢上哭呦呦。

《太行路》

太行之路能摧车，若比人心是坦途。巫峡之水能覆舟，若比人心是安流。

人心好恶苦不常，好生毛羽恶生疮。与君结发未五载，岂期牛女为参商。

古称色衰相弃背，当时美人犹怨悔。何况如今鸾镜中，妾颜未改君心改。

为君熏衣裳，君闻兰麝不馨香。为君盛容饰，君看金翠无颜色。

行路难，难重陈。人生莫作妇人身，百年苦乐由他人。

行路难，难于山，险于水。不独人间夫与妻，近代君臣亦如此。

君不见：左纳言，右纳史。朝承恩，暮赐死。

行路难，不在水，不在山，只在人情反覆间！

《昆明春水满》

昆明春，昆明春，春池岸古春流新。影浸南山青滉漾，波沉西日红奫沦。

往年因旱池枯竭，龟尾曳涂鱼煦沫。诏开八水注恩波，千介万鳞同日活。
今来净渌水照天，游鱼鲅鲅莲田田。洲香杜若抽心短，沙暖鸳鸯铺翅眠。
动植飞沉皆遂性，皇泽如春无不被。渔者乃丰网罟资，贫人又获菰蒲利。
诏以昆明近帝城，官家不得收其征。菰蒲无租鱼无税，近水之人感君惠。
感君惠，独何人？吾闻"率土皆王民"。远民何疏近何亲？愿推此惠及天下，
无远无近同欣欣。吴兴山中罢榷茗，鄱阳坑里休封银。天涯地角无禁利，
熙熙同似昆明春。

《道州民》

道州民，多侏儒，长者不过三尺余。市作矮奴年进送，号为道州任土贡。
任土贡，宁若斯？不闻使人生别离，老翁哭孙母哭儿。
一自阳城来守郡，不进矮奴频诏问。城云臣按六典书，任土贡有不贡无。
道州水土所生者，只有矮民无矮奴。吾君感悟玺书下，岁贡矮奴宜悉罢。
道州民，老者幼者何欣欣。父兄子弟始相保，从此得作良人身。
道州民，民到于今受其赐，欲说使君先下泪。仍恐儿孙忘使君，生男多以阳
为字。

《缚戎人》

缚戎人，缚戎人，耳穿面破驱入秦。
天子矜怜不忍杀，诏徙东南吴与越。
黄衣小使录姓名，领出长安乘递行。身
被金疮面多瘢，扶病徒行日一驿。
朝餐饥渴费杯盘，夜卧腥臊污床席。忽
逢江水忆交河，垂手齐声呜咽歌。
其中一虏语诸虏，尔苦非多我苦多。同
伴行人因借问，欲说喉中气愤愤。
自云乡管本凉原，大历年中没落蕃。一
落蕃中四十载，遣著皮裘系毛带。
唯许正朝服汉仪，敛衣整巾潜泪垂。誓

心密定归乡计，不使蕃中妻子知。

暗思幸有残筋力，更恐年衰归不得。蕃候严兵鸟不飞，脱身冒死奔逃归。

昼伏宵行经大漠，云阴月黑风沙恶。惊藏青冢寒草疏，偷渡黄河夜冰薄。

忽闻汉军鼙鼓声，路傍走出再拜迎。游骑不听能汉语，将军遂缚作蕃生。

配向江南卑湿地，定无存恤空防备。念此吞声仰诉天，若为辛苦度残年！

凉原乡井不得见，胡地妻儿虚弃捐。没蕃被囚思汉土，归汉被劫为蕃虏。

早知如此悔归来，两地宁如一处苦？缚戎人，戎人之中我苦辛。

自古此冤应未有，汉心汉语吐蕃身。

《骊宫高》

高高骊山上有宫，朱楼紫殿三四重。迟迟兮春日，玉甃暖兮温泉溢。

袅袅兮秋风，山蝉鸣兮宫树红。翠华不来岁月久，墙有衣兮瓦有松。

吾君在位已五载，何不一幸乎其中？西去都门几多地，吾君不游有深意。

一人出兮不容易，六宫从兮百司备。八十一车千万骑，朝有宴饫暮有赐。

中人之产数百家，未足充君一日费。吾君修己人不知，不自逸兮不自嬉。

吾君爱人人不识，不伤财兮不伤力。骊宫高兮高入云，君之来兮为一身，君之不来兮为万人。

《百链镜》

百链镜，熔范非常规，日辰处所灵且祇。江心波上舟中铸，五月五日日午时。

琼粉金膏磨莹已，化为一片秋潭水。镜成将献蓬莱宫，扬州长吏手自封。

人间臣妾不合照，背有九五飞天龙。人人呼为天子镜，我有一言闻太宗。

太宗常以人为镜，鉴古鉴今不鉴容。四海安危居掌内，百王治乱悬心中。
乃知天子别有镜，不是扬州百链铜。

《两朱阁》

两朱阁，南北相对起。借问何人家？贞元双帝子。
帝子吹箫双得仙，五云飘摇飞上天。第宅亭台不将去，化为佛寺在人间。
妆阁妓楼何寂静，柳似舞腰池似镜。花落黄昏悄悄时，不闻歌吹闻钟磬。
寺门敕榜金字书，尼院佛庭宽有余。青苔明月多闲地，比屋疲人无处居。
忆昨平阳宅初置，吞并平人几家地？仙去双双作梵宫。渐恐人间尽为寺。

《西凉伎 》

西凉伎，假面胡人假狮子。刻木为头丝作尾，金镀眼睛银贴齿。
奋迅毛衣摆双耳，如从流沙来万里。紫髯深目两胡儿，鼓舞跳梁前致辞。
应似凉州未陷日，安西都护进来时。须臾云得新消息，安西路绝归不得。
泣向狮子涕双垂，凉州陷没知不知？狮子回头向西望，哀吼一声观者悲。
贞元边将爱此曲，醉坐笑看看不足。享宾犒士宴三军，狮子胡儿长在目。
有一征夫年七十，见弄凉州低面泣。泣罢敛手白将军，主忧臣辱昔所闻。
自从天宝兵戈起，犬戎日夜吞西鄙。凉州陷来四十年，河陇侵将七千里。
平时安西万里疆，今日边防在凤翔。缘边空屯十万卒，饱食温衣闲过日。
遗民肠断在凉州，将卒相看无意收。天子每思长痛惜，将军欲说合惭羞。
奈何仍看西凉伎，取笑资欢无所愧！纵无智力未能收，忍取西凉弄为戏？

《八骏图》

穆王八骏天马驹，后人爱之写为图。背如龙兮颈如象，骨竦筋高脂肉壮。

日行万里速如飞，穆王独乘何所之？四荒八极踏欲遍，三十二蹄无歇时。

属车轴折趁不及，黄屋草生弃若遗。瑶池西赴王母宴，七庙经年不亲荐。

璧台南与盛姬游，明堂不复朝诸侯。白云黄竹歌声动，一人荒乐万人愁。周从后稷至文武，积德累功世勤苦。岂知才及四代孙，心轻王业如灰土。

由来尤物不在大，能荡君心则为害。文帝却之不肯乘，千里马去汉道兴。

穆王得之不为戒，八骏驹来周室坏。至今此物世称珍，不知房星之精下为怪。

八骏图，君莫爱。

《涧底松》

有松百尺大十围，生在涧底寒且卑。涧深山险人路绝，老死不逢工度之。

天子明堂欠梁木，此求彼有两不知。谁喻苍苍造物意，但与之材不与地。

金张世禄原宪贫，牛衣寒贱貂蝉贵。貂蝉与牛衣，高下虽有殊。

高者未必贤，下者未必愚。君不见沉沉海底生珊瑚。历历天上种白榆。

《杜陵叟》

杜陵叟，杜陵居，岁种薄田一顷余。三月无雨旱风起，麦苗不秀多黄死。

九月降霜秋早寒，禾穗未熟皆青干。长吏明知不申破，急敛暴征求考课。

典桑卖地纳官租，明年衣食将何如？剥我身上帛，夺我口中粟。

虐人害物即豺狼，何必钩爪锯牙食人肉！不知何人奏皇帝，帝心恻隐知人弊。

白麻纸上书德音，京畿尽放今年税。昨日里胥方到门，手持敕牒榜乡村。

十家租税九家毕，虚受吾君蠲免恩。

《卖炭翁》

卖炭翁，伐薪烧炭南山中。满面尘灰烟火色，两鬓苍苍十指黑。
卖炭得钱何所营？身上衣裳口中食。可怜身上衣正单，心忧炭贱愿天寒。
夜来城外一尺雪，晓驾炭车辗冰辙。牛困人饥日已高，市南门外泥中歇。
翩翩两骑来是谁？黄衣使者白衫儿。手把文书口称敕，回车叱牛牵向北。
一车炭，千余斤，官使驱将惜不得。半匹红纱一丈绫，系向牛头充炭直。

《母别子》

母别子，子别母，白日无光哭声苦。关西骠骑大将军，去年破虏新策勋。
敕赐金钱二百万，洛阳迎得如花人。新人迎来旧人弃，掌上莲花眼中刺。
迎新弃旧未足悲，悲在君家留两儿。一始扶行一初坐，坐啼行哭牵人衣。
以汝夫妇新燕婉，使我母子生别离。不如林中乌与鹊，母不失雏雄伴雌。
应似园中桃李树，花落随风子在枝。新人新人听我语，洛阳无限红楼女。
但愿将军重立功，更有新人胜于汝。

《阴山道》

阴山道，阴山道，纥逻敦
肥水泉好。每至戎人送马时，
道旁千里无纤草。

草尽泉枯马病羸，飞龙但
印骨与皮。五十匹缣易一匹，
缣去马来无了日。

养无所用去非宜，每岁死
伤十六七。缣丝不足女工苦，
疏织短截充匹数。

中国古代著名诗人

藕丝蛛网三丈余，回鹘诉称无用处。咸安公主号可敦，远为可汗频奏论。

元和二年下新敕，内出金帛酬马直。仍诏江淮马价缣，从此不令疏短织。

合罗将军呼万岁，捧授金银与缣彩。谁知黠虏启贪心，明年马多来一倍。

缣渐好，马渐多。阴山虏，奈尔何。

《时世妆》

时世妆，时世妆，出自城中传四方。时世流行无远近，腮不施朱面无粉。

乌膏注唇唇似泥，双眉画作八字低。妍媸黑白失本态，妆成尽似含悲啼。

圆鬟无鬓椎髻样，斜红不晕赭面状。昔闻被发伊川中，辛有见之知有戎。

元和妆梳君记取，髻椎面赭非华风。

《李夫人》

汉武帝，初丧李夫人。夫人病时不肯别，死后留得生前恩。

君恩不尽念不已，甘泉殿里令写真。丹青画出竟何益？

不言不笑愁杀人。又令方士合灵药，玉釜煎链金炉焚。

九华帐深夜悄悄，反魂香降夫人魂。夫人之魂在何许？

香烟引到焚香处。既来何苦不须臾？

缥缈悠扬还灭去。去何速兮来何迟？是耶非耶两不知。

翠蛾仿佛平生貌，不似昭阳寝疾时。魂之不来君心苦，魂之来兮君亦悲。

背灯隔帐不得语，安用暂来还见违。伤心不独汉武帝，自古及今皆若斯。

君不见穆王三日哭，重璧台前伤盛姬。又不见泰陵一掬泪，马嵬坡下念贵妃。

纵令妍姿艳质化为土，此恨长在无销期。生亦惑，死亦惑，尤物惑人忘不得。

人非木石皆有情，不如不遇倾城色。

《陵园妾》

陵园妾，颜色如花命如叶。命如叶薄将奈何？

一奉寝宫年月多。年月多，春愁秋思知何限？

青丝发落丛鬓疏，红玉肤销系裙缦。忆昔宫中被妒猜，因谗得罪配陵来。

老母啼呼趁车别，中宫监送锁门回。山宫一闭无开日，未死此身不令出。

松门到晓月徘徊，柏城尽日风萧瑟。松门柏城幽闭深，闻蝉听燕感光阴。

眼看菊蕊重阳泪，手把梨花寒食心。把花掩泪无人见，绿芜墙绕青苔院。

四季徒支妆粉钱，三朝不识君王面。遥想六宫奉至尊，宣徽雪夜浴堂春。

雨露之恩不及者，犹闻不啻三千人。三千人，我尔军恩何厚薄？

愿令轮转直陵园，三岁一来均苦乐。

《盐商妇》

盐商妇，多金帛，不事田农与蚕绩。南北东西不失家，风水为乡船作宅。

本是扬州小家女，嫁得西江大商客。绿鬟富去金钗多，皓腕肥来银钏窄。

前呼苍头后叱婢，问尔因何得如此？婿作盐商十五年，不属州县属天子。

每年盐利入官时，少入官家多入私。官家利薄私家厚，盐铁尚书远不知。

何况江头鱼米贱，红脍黄橙香稻饭。饱食浓妆倚柁楼，两朵红腮花欲绽。

盐商妇，有幸嫁盐商。终朝美饭食，终岁好衣裳。

好衣美食有来处，亦须惭愧
桑弘羊。桑弘羊，死已久，不独
汉时今亦有。

《井底引银瓶》

井底引银瓶，银瓶欲上丝绳
绝。石上磨玉簪，玉簪欲成中央折。

瓶沉簪折知奈何？似妾今朝与君别。

　　忆昔在家为女时，人言举动有殊姿。

婵娟两鬓秋蝉翼，宛转双蛾远山色。

　　笑随戏伴后园中，此时与君未相识。

妾弄青梅凭短墙，君骑白马傍垂杨。

　　墙头马上遥相顾，一见知君即断肠。

知君断肠共君语，君指南山松柏树。

　　感君松柏化为心，暗合双鬟逐君去。

到君家舍五六年，君家大人频有言。

　　聘则为妻奔是妾，不堪主祀奉蘋蘩。

终知君家不可住，其奈出门无去处。

　　岂无父母在高堂？亦有亲情满故乡。

潜来更不通消息，今日悲羞归不得。为君一日恩，误妾百年身。

寄言痴小人家女，慎勿将身轻许人！

《官牛》

官牛官牛驾官车，浐水岸边般载沙。一石沙，几斤重？

朝载暮载将何用？载向五门官道西，绿槐阴下铺沙堤。

昨来新拜右丞相，恐怕泥涂污马蹄。右丞相，马蹄踏沙虽净洁，牛领牵车欲流

血。右丞相，但能济人治国调阴阳，官牛领穿亦无妨。

《紫毫笔》

紫毫笔，尖如锥兮利如刀。江南石上有老兔，吃竹饮泉生紫毫。

宣城之人采为笔，千万毛中拣一毫。毫虽轻，功甚重。

管勒工名充岁贡，君兮臣兮勿轻用。勿轻用，将何如？

愿赐东西府御史，愿颁左右台起居。搦管趋入黄金阙，抽毫立在白玉除。

臣有奸邪正衔奏，君有动言直笔书。起居郎，侍御史，尔知紫毫不易致。

每岁宣城进笔时，紫毫之价如金贵。慎勿空将弹失仪，慎勿空将录制词。

《隋堤柳》

隋堤柳，岁久年深尽衰朽。风飘飘兮雨萧萧，三株两株汴河口。

老枝病叶愁杀人，曾经大业年中春。大业年中炀天子，种柳成行夹流水。

西自黄河东至淮，绿阴一千三百里。大业末年春暮月，柳色如烟絮如雪。

南幸江都恣佚游，应将此柳系龙舟。紫髯郎将护锦缆，青娥御史直迷楼。

海内财力此时竭，舟中歌笑何日休？上荒下困势不久，宗社之危如缀旒。

炀天子，自言福祚长无穷，岂知皇子封酅公。龙舟未过彭城阁，义旗已入长安宫。

萧墙祸生人事变，晏驾不得归秦中。土坟数尺何处葬？

吴公台下多悲风。二百年来汴河路，沙草和烟朝复暮。

后王何以鉴前王？请看隋堤亡国树。

《草茫茫》

草茫茫，土苍苍。苍苍茫茫在何处？

骊山脚下秦皇墓。墓中下涸二重泉，当时自以为深固。

下流水银象江海，上缀珠光作乌兔。别为天地于其间，拟将富贵随身去。

一朝盗掘坟陵破，龙椁神堂三月火。可怜宝玉归人间，暂借泉中买身祸。

奢者狼藉俭者安，一凶一吉在眼前。凭君回首向南望，汉文葬在灞陵原。

《黑潭龙》

黑潭水深黑如墨，传有神龙人不识。潭上驾屋官立祠，龙不能神人神之。

丰凶水旱与疾疫，乡里皆言龙所为。家家养豚漉清酒，朝祈暮赛依巫口。

神之来兮风飘飘，纸钱动兮锦伞摇。神之去兮风亦静，香火灭兮

157

杯盆冷。

肉堆潭岸石，酒泼庙前草。不知龙神享几多，林鼠山狐长醉饱。

狐何幸？豚何辜？年年杀豚将喂狐。狐假龙神食豚尽，九重泉底龙知无？

《天可度》

天可度，地可量，唯有人心不可防。但见丹诚赤如血，谁知伪言巧似簧。

劝君掩鼻君莫掩，使君夫妇为参商。劝君掇蜂君莫掇，使君父子成豺狼。

海底鱼兮天上鸟，高可射兮深可钓。唯有人心相对时，咫尺之间不能料。

君不见李义府之辈笑欣欣，笑中有刀潜杀人。阴阳神变皆可测，不测人间笑是瞋。

《秦吉了》

秦吉了，出南中，彩毛青黑花颈红。耳聪心慧舌端巧，鸟语人言无不通。

昨日长爪鸢，今朝大嘴乌。鸢捎乳燕一窠覆，乌啄母鸡双眼枯。

鸡号堕地燕惊去，然后拾卵攫其雏。岂无雕与鹗？嗉中肉饱不肯搏。

亦有鸾鹤群，闲立扬高如不闻。秦吉了，人云尔是能言鸟，岂不见鸡燕之冤苦？

吾闻凤凰百鸟主，尔竟不为凤凰之前致一言，安用噪噪闲言语。

《鸦九剑》

欧冶子死千年后，精灵暗授张鸦九。鸦九铸剑吴山中，天与日时神借功。

金铁腾精火翻焰，踊跃求为镆铘剑。剑成未试十余年，有客持金买一观。

谁知闲匣长思用，三尺青蛇不肯蟠。客有心，剑无口，客代剑言告鸦九。

君勿矜我玉可切，君勿夸我钟可制。不如持我决浮云，无令漫漫蔽白日。

为君使无私之光及万物，蛰虫昭苏萌草出。

《采诗官》

采诗官，采诗听歌导人言。言者无罪闻者诫，下流上通上下泰。
周灭秦兴至隋氏，十代采诗官不置。郊庙登歌赞君美，乐府艳词悦君意。
若求兴谕规刺言，万句千章无一字。不是章句无规刺，渐及朝廷绝讽议。
诤臣杜口为冗员，谏鼓高悬作虚器。一人负扆常端默，百辟入门两自媚。
夕郎所贺皆德音，春官每奏唯祥瑞。君之堂兮千里远，君之门兮九重闭。
君耳唯闻堂上言，君眼不见门前事。贪吏害民无所忌，奸臣蔽君无所畏。
君不见厉王胡亥之末年，群臣有利君无利。君兮君兮愿听此，欲开壅蔽达人情，先向歌诗求讽刺。

白居易与新乐府

三曹和建安七子

因汉魏间，曹操与其子曹丕、曹植在政治上的地位和文学上的成就，对当时的文坛很有影响，所以后人合称之为"三曹"。由于他们的提倡，使一度衰微的文学有了新的生机。诗、赋、文创作都有了新的突破。除曹氏父子之外，这一时期还有七位杰出的文学家，即：孔融、陈琳、王粲、徐干、阮瑀、应玚、刘桢。所以"建安七子"之说，也得到后世的普遍承认。

一、乱世终结者——曹操

东汉末年，宦官外戚斗得不可开交，皇帝实际上有名无权。经济凋敝，政治混乱，群雄四起，稍有实力便可称霸一方，真是彻彻底底一个乱世！就在历

史进入到这样一个"群魔乱舞"时代的同时，一个在后来常被人们称为"奸雄"的小人物正在悄悄崛起，并逐步崭露头角。凭借几十年的苦心经营和东征西伐，他力挽狂澜，终结了乱世——他，就是曹操。

史书记载，曹操小的时候，好飞鹰走狗，到处游荡，和一些纨绔子弟，如袁绍、张邈等人胡作非为，四处惹事。曹操的父亲因公务繁忙，也没有太多时间教导他。倒是曹操的一个叔叔觉得他闹得太不像话了，就对曹操的父亲曹嵩说："阿瞒这孩子实在是太顽

劣，整天不务正业，这样发展下去怎么行呢？你这个做父亲的也该管教管教他才是。"曹操的父亲听了，觉得很有道理。马上把曹操叫到跟前声色俱厉地训斥了一番。曹操也不敢争辩，低着头做出一副唯唯诺诺的样子，心里却盘算着想个什么办法整一整多嘴的叔叔，为自己出口恶气，还得让他在父亲面前失去信任，不然三天两头跑去告自己的"刁状"，以后哪有好日子过啊。曹操想来想去终于想到了一个"好主意"。有一天，他看到叔叔迎面走过来，便故意作出一副口歪眼斜、半身麻痹的样子过去打招呼。叔叔问他："你这是怎么了？"他回答说："不小心中风了。"叔叔一听马上跑去告诉了曹操的父亲，"阿瞒中风了，你快去看看吧！"天下哪有父母不疼子女的？一听说儿子中风了，平时威严的父亲也顾不得形象，三步并作两步跑去看个究竟。到了一看，曹操好好地坐在那里看书，哪有一点中风的样子。于是气喘吁吁地问："你叔叔刚才跟我说你中风了，怎么这会儿好好的？"曹操叹了口气，皱着眉头，做出一副很为难的样子对父亲道："唉！我原来以为叔叔只是不喜欢我，没想到他

居然这么讨厌我。还在您面前诅咒我中风，真不知道我哪里做得不好，得罪他了！"做父亲的当然相信自己的儿子，从此以后叔叔在父亲那儿失去了信任。

解决了被叔叔打小报告这个大麻烦，曹操玩得更疯了。有一天，他和袁绍、张邈几个伙伴凑到一起，商量着还有什么好玩的。能玩的他们都玩过了，也玩腻了。又没有什么新鲜玩意更能引起他们的兴趣，怎么办呢？想来想去，曹操一拍脑袋说："我想出一件好玩的事，不知道你们敢不敢去？"其他几个孩子也都出了名的顽皮，听曹操这么一说，马上应到："有什么是我们不敢的？你赶紧说吧，只要好玩，我们一起去。"曹操接着说："我听说今天有人结婚，我们去新房里闹上一闹。"其他几个伙伴没趣地说："闹洞房有什么好玩的，早都玩过的旧把戏了，没什么好玩的我们走了。""我说的不是闹洞房，是偷新娘子。想想看，如果咱们把新娘子偷走，那她的婆家还不着急？这样一来不就有热闹了。"大家一听，这个主意好，既新鲜又刺激，于是一伙人就商量着怎么偷新娘子。有人说："婚礼上人那么多，我们怎么才能把新娘子偷出来呢，总不能在众目睽睽之下就冲进洞房去抢吧？"其他人也都附和道："是啊，是啊，怎么偷呢？"曹操说："我早就有主意了，我们给他来一招调虎离山……"

晚上，到了快要入洞房的时候，曹操一伙人悄悄地来到办喜事的那户人家。这时宾客们还没有散去，都在喝着喜酒，推杯换盏好不热闹。忽然不知从哪里传来一声："有贼啊，快抓贼！"所有的宾客都慌慌张张地跑出来抓贼。曹操一伙人趁机溜进洞房，偷了新娘子就跑。袁绍慌不择路，一头跑进了灌木丛，衣服被些灌木勾住，跑不了。他焦急地对曹操说："怎么办，我的衣服都被这些灌木勾住了，动不了。快点帮帮我，后面的人马上就追来了！"曹操答应说："好，这就来。"只见他回过头来用手指着袁绍大声地喊："快追啊，贼在这！"袁绍一听急了，使劲一挣，挣破了衣服，终于从灌木

三曹和建安七子

丛中跑了出来。

从这两个小故事中，我们可以看出，曹操小时候是很顽皮，甚至有些顽劣。但是，从另一方面来看，他又是很聪明、很有计谋的。那么，曹操是否真像表面上看起来那样无所事事，不学无术呢？其实不是的。他虽然行为放荡，但十分好学。他喜好读书，特别好兵书。这种好读书的习惯一直延续终生。即使在后来的行军生涯中，他仍手不释卷。就连他的儿子曹丕也在作品中写道："上雅好诗书文籍，虽在军旅，手不释卷。每每定省从容，常言：'人少好学，则思专，长则善忘；长大而能勤学者，唯吾与袁伯业耳。'"这里的袁伯业，指的就是袁绍。

少年顽皮而又好学的曹操，在青年时期被当时国家的最高军事长官——乔玄所看好，并指出，将来能够平定天下，让老百姓安居乐业的人就是曹操。乔玄还曾对曹操交代："我乔某已经老朽了，又恰逢乱世，以后我的子孙就托付给你照顾了。"

东汉末年有一种风气，就是当时的社会名流喜好品评人物，一个人要想出人投地，进入上流社会，得到大家的重视，必须得到人物评论家的评价，这样才能得到社会的承认，乔玄就是当时为人们所称道的"知人"的"名臣"，他对曹操的才能所作出的高度评价，有着极其广泛的影响。后来就连曹操自己也承认，自己得以"增荣"，受到人们的重视，与乔玄的"奖助"是分不开的。

乔玄不仅自己赏识曹操，还介绍曹操去拜见当时非常著名的品评家许劭。许劭是当时非常有名的人物评论家，他每月初一都会针对当时的人物发表评论，被称为"月旦评"。乔玄对曹操说："你若想出人投地，受到人们的重视，就必须获得许劭的评价。曹操多次拜见许劭，终于获得"治世之能臣，乱世之奸雄"的评语，并且一直流传至今。

曹操获得了乔玄和许劭的评价，为自己制造了强大的社会舆论，树立了良好的公众形象，使自己从一个默默无闻的小人物，变成世人皆知的青年才俊。

175 年，曹操被举荐为孝廉，授职为洛阳北部尉。举孝廉，是汉代发现和培养官吏预备人选的一种方法。它规定每年每二十万户中要推举孝廉一人，由朝廷任命官职。被举荐之人，除博学多才外，还要孝顺父母，行为清廉，故称为孝廉。也就是说，成为孝廉，是合法进入官场的资格证，只要获得这张资格证，不管你能力如何都能堂而皇之地步入官场。孝廉制度的初衷是希望选拔一些德才兼备的青年为国家效力，然而，在实际操作过程中却多为世族大家所垄断，成为世家子弟进入官场的一种方便而又快捷的手段。特别是到了一片混乱的东汉末年，互相吹捧，弄虚作假之风愈演愈烈，甚至到了童谣里唱的"举秀才，不知书；举孝廉，父别居"的程度。

曹操能够被举为孝廉，顺利地步入政坛，得益于他有个"好爷爷"。曹操出生于一个声名显赫的宦官家庭。曹操的祖父曹腾是汉相国曹参的后人，也是东汉末年宦官集团中的一员；父亲曹嵩，是曹腾的养子。曹嵩的出身，当时就搞不清楚，所以陈寿称他："莫能审其生出本末。"也有人说他本姓夏侯。作为宦官的子孙，在东汉那样一个重视世家大族的朝代是相当没有地位的，也是被人看不起的。但是东汉又是一个由宦官和外戚轮流掌权的时代。宦官曹腾作为一个服侍了四代皇帝的宦官头目，是很有势力的，他的子孙要进入官僚阶层，步入政治舞台还是很容易的。然而，曹操踏入政坛之后，不但没有致力于维护家族利益，反而举起了反对宦官统治这面大旗。一方面，聪明的曹操早已审时度势，当时的宦官虽然很有势力，自己也是靠着宦官的裙带关系才得以进入官场的，但是在统治阶级内部，人们已经把斗争的矛头指向宦官，谁能够挺身而出反对宦官，谁就能得到信任和拥护；另一方面，宦官集团窃取高位，横行郡国，为人们所不齿，作为一个有才能、有思想的青年人，加入反宦官的队伍也是曹操自愿的。洛阳作为东汉的都城，是皇亲贵族聚居之地，因而很难治理。曹操作为地方军事长官，一到职就申明禁令、严肃法纪，造五色大棒十余根，悬于衙门左右，并贴出告

示宣称："有犯禁者，皆棒杀之。"一天，皇帝宠幸的宦官蹇硕的叔父蹇图违禁夜行，被曹操抓获，曹操毫不留情，用五色棒将蹇图处死。曹操这种不畏强权，不向恶势力低头的精神起到了很好的威慑作用，从此无人再敢随意触犯法律，整个洛阳的治安大为好转。

兔死狐悲，经过此事，整个宦官集团对曹操这种"倒行逆施"的行为恨之入骨，但是曹操有个身为大宦官头目的"好爷爷"撑腰，又迎合了官僚集团的反宦官斗争，其他宦官也拿他没办法。想来想去，只好假惺惺地"举荐"曹操担任顿丘令，将他调离政治中心。

此后，曹操的政治生涯起起伏伏，但他却始终站在与宦官集团作斗争的一边。

184年，给东汉政权以致命一击的黄巾军大起义爆发。统治集团内部慌作一团。迫于外部压力，曾经势不两立的外戚和宦官终于联起手来一致对外，联手镇压黄巾军。此时的曹操也被汉灵帝封为骑都尉，在颍川一带镇压黄巾起义。结果，曹操的队伍大破黄巾军，斩首数万级，初步显示了他过人的军事才能。他也因为军功而升迁为济南相。济南国（今山东济南一带）有十多个县，各县的长官大多依附权贵，贪赃枉法，无所顾忌。在曹操之前，历任相国都置之不问。曹操到职后，大力整饬，一次就奏免长吏八名，济南震动，贪官污吏纷纷逃窜。一时间"政教大行，一郡清平"。大刀阔斧的整治行为取得了良好的效果，但也遭到了那些人的记恨，不断有人到灵帝那里去诋毁曹操。时间一长，灵帝信以为真，又一次将曹操明升暗降，改封为东郡太守。曹操借口自己有病，辞去官职，回归乡里，春夏读书，秋冬游猎，暂时隐居了。

188年，汉灵帝为巩固统治，设置西园八校尉，曹操因其家世，被任命为八校尉中的典军校尉，再次出仕。

189年，太后的哥哥大将军何进为了使以自己为首的外戚掌握政权，决定铲除宦官集团，但是遭到了太后的反对。何进不听劝告，竟自引西凉刺史董卓进入洛阳，董卓打着"勤王"的旗号，大张旗鼓地进驻洛阳。废少帝，立献帝刘协，后又杀太后及少帝，自称太师，专擅朝政，大肆拉拢当时反宦官的著名人物。曹操也在董卓的拉拢范畴之内。但曹操眼见董卓倒行逆施，不愿与他合作，遂改名易姓逃出京师洛阳。就在这次狼狈出逃中，犹如惊弓之鸟的曹操错杀好友吕伯奢一家，凄厉地喊出："宁我负人，莫人负我！"后又经《三国演义》的作者再加工成为："宁肯我负天下人，不可天下人负我！"曹操因此留下了千古恶名。

曹操出逃后，辗转来到陈留，"散家财，合义兵"组织起一支五千人的军队，准备讨伐董卓。

190年正月，关东州郡牧守起兵讨伐董卓，共推袁绍为盟主，曹操为副盟主。二月，董卓胁迫献帝迁都长安（今陕西西安西北），自己留居洛阳抵御关东军。董卓的凉州军骁勇善战，关东军十余万人驻酸枣（今河南延津北）一带，无人敢向洛阳推进。曹操认为董卓"焚烧宫室，劫迁天子，海内震动"，应趁机与之决战，遂独自引军西进。行至荥阳汴水（今河南荥阳西南）与董卓大将徐荣交锋，由于士兵数量相差悬殊，曹操大败，士卒死伤大半，自己也被流矢所伤，幸得堂弟曹洪让出他的战马，曹操才得以保全性命。回至酸枣，曹操建议诸军各据要地，再分兵西入武关（今陕西丹凤东南）围困董卓，关东诸将不肯听从。其实，关东诸军名为讨董卓，实际各怀鬼胎，意在伺机发展自己的势力。不久，诸军之间发生摩擦，相互火拼，逐渐瓦解了。

192年，司徒王允与吕布在长安定计杀掉董卓。董卓部将李傕、郭汜等攻陷长安，杀了王允，进攻吕布，关中也陷入战乱。当时，州郡牧守各据一方，形成诸侯割据的局面。

同年，青州黄巾军大获发展，连破兖州等郡县，阵斩兖州刺史刘岱。济北相鲍信等迎曹操任兖州牧。曹操和鲍信合军进攻黄巾，鲍信战

曹操字孟德
此图选自三国演义之
虎牢关

死，曹操"设奇伏，昼夜会战"，终于将黄巾击败。获降卒三十余万，人口百余万。曹操收其精锐，组成军队，号"青州兵"。又经过了几年的征讨，曹操将吕布、张邈赶出兖州，建立了自己的根据地。军队和根据地的建立，使曹操具备了得以成事的基本条件。

早在192年，曹操的谋士毛玠就向曹操提出了"奉天子以令不臣，修耕植，畜军资"的战略性建议，曹操深以为是。

196年8月，曹操亲至洛阳朝见献帝，随即迎献帝于许昌。"挟天子以令诸侯"，取得了政治上的绝对优势。之后，曹操被封为大将军、武平侯。

汉魏之间，社会生产遭受严重破坏，出现了大饥荒。这一时期，粮食供应成为各军事集团最大的问题，因军粮不足而无敌自破者不可胜数。同年，曹操采纳部下枣祗等人的建议，利用攻破黄巾军所缴获的物资，在许昌募民屯田，当年即大见成效，得谷百万斛。于是曹操命令在各州郡设置田官，兴办屯田。屯田有效地解决了曹操集团的粮食问题，所以曹操说："后遂因此大田，丰足国用，摧灭群逆，克定天下。"在大力屯田的同时，曹操采取各种措施，扶植自耕农经济。针对当时人口流失、田地荒芜的情况，曹操先后采取招还流民、迁徙人口、劝课农桑、兴修水利、检括户籍等办法，充实编户，恢复农业生产。曹操前后实行的这一系列措施，使濒于崩溃的自耕农经济得到了恢复和发展。使曹魏集团有了雄厚的经济基础。

战争，一方面拼的是经济实力，一方面拼的是人才。在吸纳人才方面，曹操三下求贤令，提出"不拘品行、唯才是举"的用人方针，目的是尽量把人才收罗到自己身边。该方针提出后，各路人才倾心归附。为曹魏集团建立了强大的人才储备系统。

经过多年的战火洗礼，曹操已从意气风发的青年，变为思想成熟的政治家、军事家。但曹操的才能并不局限于政治和军事。他对文学、书法、音乐等都有深厚的造诣。史书记载："太祖御军三十余年，手不舍书。书则讲武策，夜则思经传。登高必赋，及造新诗，被之管弦，皆成乐章。"

    曹操的诗歌，今存不足二十篇，全部是乐府诗体。内容大体上可分三类：关涉时事的诗歌；表述理想的诗歌；游仙诗。

    与时事有某种关联的作品有《薤露行》、《蒿里行》、《苦寒行》、《步出夏门行》等。《薤露行》和《蒿里行》二诗，作于建安初年。前一篇反映何进谋诛宦官事败，董卓入洛阳作乱；后一篇写关东各州郡兴兵讨卓，又各怀野心，互相杀伐，在内容上紧相承接。诗篇以简练的语言，高度概括地写出了这一段历史的发展过程，因此被钟嵘誉为"汉末实录，真诗史也"。尤其可贵的是，在《蒿里行》诗中，曹操以同情的笔调，写出了广大人民在战乱中所罹的深重苦难："铠甲生虮虱，万姓以死亡，白骨露于野，千里无鸡鸣，生民百遗一，念之断人肠。"《苦寒行》作于建安十一年，诗篇描写冬日太行山区的酷寒、荒芜、险峻，同时也写出了诗人内心的复杂感受。《步出夏门行》作于建安十二年北征乌桓时。该诗包括"艳"（前奏）及四解。"艳"着重写了诗人出征时的复杂心情。一解"观沧海"，写进军时途经碣石时的观感；二解"冬十月"、三解"河朔寒"，写归途中见闻；四解"龟虽寿"，写自己在这场重要战役取得胜利后的思想活动。其中"观沧海"描写的是大海景象，"秋风萧瑟，洪波涌起，日月之行，若出其中；星汉灿烂，若出其里"，气势磅礴，格调雄放，映衬出诗人包容宇宙、吞吐日月的博大胸怀。"龟虽寿"以一系列生动的比喻，表达了诗人对人生及事业的看法，"老骥伏枥，志在千里；烈士暮年，壮心不已"。这是诗人贯彻终生的积极进取精神的真实表白。

    以表述理想为主的诗歌有《度关山》、《对酒》、《短歌行》等。前两篇写诗人的政治理想。他设想的太平盛世是儒法兼采、恩威并用的贤君良臣政治。这在汉末社会遭到大破坏的现实背景下，无疑是具有进步意义的。《短歌行》的主题是求贤，以"山不厌高，水不厌深，周公吐哺，天下归心"等诗句，来抒发求贤若渴，广纳人才，以冀

成其大业的心情。

游仙诗有《气出唱》、《秋胡行》等。曹操是不信方士神仙之说的，所以有人说，曹操的游仙诗名为访仙实为访贤。不管怎么说他写这些诗当是别有所寄。

在艺术风格上，曹操诗歌朴实无华、不尚藻饰。多以感情深挚、气韵沉雄取胜。在诗歌情调上，则以慷慨悲凉为其特色。慷慨悲凉本是建安文学的共同基调，不过在曹操的诗中，表现得更为典型，更为突出。在诗歌体裁上，曹操的乐府诗并不照搬汉乐府的成规，而是有所发展。如《薤露行》、《蒿里行》，在汉乐府中都是挽歌，他却运用旧题抒写了全新的内容。曹操开创了以乐府写时事的传统，影响深远。建安作家以及从南北朝直到唐代的许多诗人，他们拟作的大量乐府诗，都可以说是对这一传统的继承和发扬。

曹操的散文多是应用性文字，大致可分为表、令、书三大类。其代表作有《请追增郭嘉封邑表》、《让县自明本志令》、《与王修书》、《祀故太尉桥玄文》等。这些文字的共同特点是质朴浑重、率真流畅，写出了曹操的心声。如《让县自明本志令》，自述大半生奋斗经历，分析当时形势，剖析自己的心志，其"设使国家无有孤，不知当几人称帝，几人称王"等语，写得极其坦率而有气魄。从东汉以来，散文出现了骈化的趋势，至汉末而渐显，一般散文作者开始讲求对偶、注重用典。而曹操以其平易自如、质实明练的文体，在当时独树一帜。鲁迅曾称赞曹操是"改造文章的祖师"。

曹操在文学上的功绩，还表现在他对建安文学所起的建设性作用上。建安文学能够在长期战乱、社会残破的背景下得以兴盛，同曹操对其的重视和推动是分不开的。刘勰在论述建安文学繁荣的原因时，就曾指出"魏武以相王之尊，雅爱诗章"。事实上，建安时期的主要作家，无不同他有密切的关系。曹丕、曹植是他的儿子，"七子"及蔡琰等，也都得力于他的荫护。可以说，"邺下文人集团"就是在他提供的物质条件基础上形成的；而他们的创作，也是在他的倡导影响下发展繁荣的。

二、文学理论家——曹丕

220年，曹操在洛阳病逝，其次子曹丕继位为丞相。当年十月，曹丕逼迫汉献帝让位，取代汉朝，自立为皇帝，国号魏，改元黄初，将都城由许昌（原

许县）迁至洛阳。并下令修复洛阳，营建五都。设立中书省，其官员改由士人充任，原由尚书郎担任的诏令文书起草之责转由中书省官员担任，机要之权渐移于中书省。他还制定妇人不得预政，群臣不得奏事太后，后族之家不得当辅政大臣的法令。从而有效地避免了外戚专权。曹丕建立并推行九品中正制，把用人权交给士族地主，拉拢他们以获得支持。保障了国家政权的稳固。

所谓九品中正制，是魏晋南北朝时期一种重要的官吏选拔制度。又名九品官人法。其制先是在各郡设置中正，稍后又在各州设置大中正。州郡中正只能由本地人充当，且多由现任中央官员兼任。任中正者一般是九品中的二品，即上品。郡中正初由各郡长官推选，晋时改由州中正荐举，司徒府掌握中正的任命权。州郡中正都设有属员，称为"访问"。一般人物可由属员评议，重要人物则由中正亲自评议。

中正的职权主要是评议人物，其标准有三：家世、道德、才能。家世又称"簿阀"、"簿世"，指被评议者的族望和父祖官爵。中正对人物的道德、才能只作概括性的评语，称为"状"。如曹魏时中正王嘉"状"吉茂为"德优能少"；西晋时，中正王济"状"孙楚为"天材英博，亮拔不群"。中正根据家世、才德的评论，对人物作出高下的品定，称为"品"。品共分为九等，即上上、上中、上下、中上、中中、中下、下上、下中、下下。但类别却只有两种，即上品和下品。一品无人能得，形同虚设，故二品实为最高品。三品在西晋初年尚可算高品（上品），以后降为卑品（下品）。

中正评议结果上交司徒府复核批准，然后送吏部作为选官的依据。中正评定的品第又称"乡品"，和被评者的仕途密切相关。凡任官者其官品必须与其乡品相适应，乡品高者做官的起点（又称"起家官"）往往为"清官"，升迁较快，受人尊重；乡品卑者做官的起点往往为"浊官"，升迁较慢，受人轻视。

中正所评议的人物照例三年调整一次，但中正对所评议人物也可随时予以升品或降品。一个人的乡品升降后，官品及居官之清浊也往往随之变动。由于中正品第皆用黄纸写定并藏于司徒府，称为"黄籍"，故降品或复品都须去司徒府改正黄纸。为了提高中正的权威，政府还禁止被评者诉讼枉曲。但中正如定品违法，政府要追查其责任。

九品中正制创立之初，评议人物的标准是家世、道德、才能三者并重。梁朝史学家沈约甚至说它是"盖以论人才优劣，非谓世胄高卑"。但由于魏晋时充当中正者一般是二品，二品又有参预中正推举之权，而获得二品者几乎全部是门阀世族，故门阀世族就完全把持了官吏选拔权。于是在中正品第过程中，才德标准逐渐被忽视，家世则越来越重要，甚至成为唯一的标准，出现了"上品无寒门，下品无世族"的门阀士族垄断政权的局面。

经济上，曹丕继续发展屯田制，施行谷帛易市，稳定社会秩序。黄初末，魏国国库充实，累积巨万，基本解决了战争造成的通货膨胀问题。

军事上，曹丕的能力可就不怎么样了。刘备伐吴时，曹丕看出刘备要失败，不听谋士贾诩、刘晔之言，偏要坐山观虎斗，事后又起兵伐吴，结果被孙权击败。回洛阳后，曹丕因伤大病，气急败坏之下离开人世，终年40岁。

可以说作为皇帝的曹丕，也还算是兢兢业业，但绝不足以名垂千古。现在人们提起曹丕，更看重的是他的文学成就，作为文学家的曹丕远比作为皇帝的他精彩得多。

曹丕喜爱文学，称帝以前，就曾以"副君之重"居于邺下文人集团的中心，主持文坛，左右舆论。"三曹"、"七子"是建安文学最突出的代表人物，而

曹丕与建安七子，不仅仅是君臣的关系，更有着十分深厚的友谊。曹丕在《与吴质书》中，以伤感的笔触写道："阮瑀长逝，化为异物。每一念至，何时可言。""节同时异，物是人非，我劳如何？"并在《又与吴质书》中，再次为徐干、陈琳、刘桢等人"一时俱逝"而悲痛不已。他还提出了"少壮真当努力"的口号，不仅告诫自己，也激励他人，不应沉于悲痛而应奋发向上。特别是在他的《典论·论文》中，曹丕更是以其饱蘸激情和友谊的笔端，为建安七子逐一描画刻像，从中不仅可以看出曹丕与建安七子的友情，也为后世流下了丰富的文学遗产。说到这里，我们不能不说一下曹丕的《典论·论文》。要评论曹丕的文学成就，就要从他的文艺理论和文学实绩两方面入手。曹丕的文学理论，在历史上占有极其重要的地位，是祖国文学宝库中最灿烂的瑰宝之一，对文学理论批评的发展产生了巨大的影响。

曹丕的文学理论批评，散见于他的书信和论文。而最集中表达他文学理论见解的，首推《典论·论文》。《典论·论文》是中国文学批评史上第一部文学专论。是曹丕当魏太子时撰写的一部学术论文集，共二十篇。全书大部分已亡佚，现仅存《论文》一篇。

《论文》主要阐述有关文章的评论和写作方面的问题。这里所说的"文章"，包括诗赋等纯文学作品，也包括精心构思而写成的说理和应用散文。作者在《论文》中，提出了几个重要的文学理论问题：即文学的价值问题，作家的气质与作品的风格问题，文体问题以及文学批评者的态度问题，并对这些问题发表了独特的见解。他批评了文人相轻的陋习，提出应当"审己以度人"才能避免此累；评论了当时的文人亦即建安七子在文学上的才力及不足，分析了不同文体的不同写作要求，说唯有通才才能兼善各体；提出"文以气为主"的命题，说明作品的风格决定于作家的气质和个性，有什么样的人就有什么样的风格；论述了文学的社会功能，将它提到"经国之大业，不朽之盛事"的高度。单就他的这一理论，就使建安时期人们对文学的地位、作用和特点等有了全新的认识。

可以说，《典论·论文》的出现，与建安时期文学的繁荣和文人相互切磋的风气有密切的关系。同时，它的出现，又反过来提高了文学的社会地位，推动了文学的繁荣发展。《典论·论文》是中国文学走向成熟和自觉的重要标志，其中的见解对后人有着深刻的启迪和影响。

曹丕在文学史上，不仅是杰出的文艺理论批评家，还是一位了不起的诗人。郭沫若先生在《论曹植》一书中曾指出："建安文学在中国文学史上是有着划时代的表现的。""诗歌脱离了四言的定型，而尽量乐府化，即歌谣化。另一方面把五言的新形式奠定了下来。这是曹氏父子和建安七子的共同倾向，也是他们的共同功绩。因此像曹操的'古直悲凉'，曹丕的'鄙直如偶语'，倒正是抒情化、民俗化过程的本色。而且在这儿我们不能不认定是有政治力量作背景，假如没有曹操曹丕的尊重文士与奖励文学，绝对不能集中得到那样多的人才，也绝对不能收获那样好的成绩。同时代的吴与蜀，差不多等于瘠土，不就是绝对的旁证吗？"这段中肯的品评，正是说明了建安文学的发展与繁荣，与政治上的主宰——曹氏父子，特别是曹丕的重视和努力是分不开的。同时也旁征博引地说明了，曹丕诗歌的最大价值在于他那人性化的、情感充溢的抒情性韵味。

清代著名学者沈德潜在《古诗源》魏武帝诗注中，对建安文学有过如此评述："孟德（曹操）诗犹是汉音，子桓（曹丕）以下，纯乎魏响。"沈德潜把建安文学分为两个发展阶段：以曹操为代表的"汉音"阶段与以曹丕为始创者的"魏响"阶段。在建安文学的演化过程中，曹丕是"汉音"和"魏响"的桥梁、枢纽。他既是"汉音"的继承者、发扬者，又是"魏响"新风的开拓者。因此，在建安文学中，曹丕实为成就卓著者。作为"汉音"的发扬者，曹丕的作品反映了社会战乱这一建安文学的共同主题，其不同于他人之处在于，他的作品更加深广地揭示了社会的本质矛盾，这也是他的超群之处。如《莺赋》中："怨罗人之我困，痛密网而在身，顾穷悲而无告，知时命之将泯。"倾诉了被压迫者的悲苦命运。又如

中国古代著名诗人

《出妇赋》中"无子而庆出，自典礼之常度"，浅而言之，他书写了夫权压迫下妇女的悲惨命运，对她们的不幸遭遇给予了深切的同情，同时也揭露了"七出之条"等封建礼教的罪恶。在《上留田行》中："居世一何不同？富人食稻与梁，贫子食糟与糠。"揭露了社会贫富不均，替贫苦农民抒发了内心深处的极度不满。由于战乱是建安时期的社会特征，因而游子思妇之悲也在他的诗作中表现出来。如他的言情名篇《燕歌行》：

"秋风萧瑟天气凉，草木摇落露为霜，群燕辞归雁南翔。念君客游思断肠，慊慊思归恋故乡，君何淹留寄他方。贱妾茕茕守空房，忧来思君不能忘，不觉泪下沾衣裳。援琴鸣弦发清商，短歌微吟不能长。明月皎皎照我床，星汉西流夜未央。牵牛织女遥相望，尔独何辜限河梁！"

这首诗描写了一位独处闺中的少妇在秋月之夜，怀念远游未归的丈夫而不能入睡，内心充满无限忧愁的情景。作者既描写了少妇所处的环境，又描写了其心理活动，更写出她的寂寞、凄苦、难耐，勾画出这位独守空房的少妇惹人怜惜的满面愁容，带着泪痕的妩媚情态，情真意切，动人心弦。正如陈祚明所说的"魏文帝诗如西子捧心，俯首不答，而回眸动盼，无非可怜之绪。倾国倾城，在绝世佳人，本无意动人，人自不能定情耳"。正是他这种创作风格所达到的高度艺术效果。他的诗和散文，基本上反映了封建社会的生活本质。

作为"魏响"的开拓者，曹丕具有通脱精神。他一反汉儒的神秘主义和经院哲学，大胆创新、大胆开拓。首先是诗歌形式的多样化。曹丕诗歌基本上以五言为主，但四言、六言、七言或杂言的也不少。《芙蓉池作》、《钓竿》、《黎阳作三首》都是五言体；《善哉行》、《短歌行》都是四言诗；《上留田行》除最后一句外，基本上是六言体；七言诗如《燕歌行》二首，是当今存世最早的、形式最完整的七言歌行体诗歌。曹丕的《燕歌行》是第一首文人七言诗，它奠定了七言诗的基础，确立了七言诗的地位。而他的杂言诗，句子参差变化，形式多种多样。如《大墙上蒿行》，句子短则三字，长则多达九字，参差变化，

形式新奇。这首诗长达三百六十四个字，这在他以前和以后的很长时间内，还没有人写出这样的长篇巨作。如果没有勇于探索多种体裁的创作精神，没有深厚的艺术修养和宏大的气魄是很难写出这样的作品的。王夫之品评《大墙上蒿行》一诗道："长句长篇，斯为开山第一祖。鲍照、李白，领此宗风，遂为乐府狮象。"这些都说明了曹丕在诗歌形式上敢于革新和创造。当时许多人，包括曹植在内，都把注意力集中在传统文体上，而唯有曹丕，在运用旧文体的同时，也努力地尝试和开发"纯文学"的新体裁。

曹丕还写出了我国第一部"志怪"小说集《列异传》和"志人"小说集《笑书》。这在我国小说的形成和发展上也具有重大意义。

三、文坛才子——曹植

　　提起曹植，人们最先想起的就是他七步成诗的故事。故事讲的是曹丕做了皇帝后，想尽办法迫害曹植，于是命令曹植在走七步路的短时间内作出一首诗，做不成就杀头。结果曹植应声咏出《七步诗》。以箕、豆相煎为比喻，不着一字，却将其兄长残害骨肉手足的事实揭露无遗。这个故事在《三国演义》第七十九回"兄逼弟曹植赋诗 侄陷叔刘封伏法"中有详细的记述。说曹丕欲杀其弟曹植，母亲卞太后为曹植求情。曹丕一方面顾虑母命难违，另一方面又心有不甘，这时谋士华歆建议他以"赋诗"之计来惩治曹植。曹丕说："我和你虽然是兄弟，但现在从礼仪上来讲是君臣，你怎么能自恃有才，就蔑视我呢？以前先君在时，你常常以文章夸示于人，我很怀疑你是请人捉刀代作的。今限你行七步吟诗一首。假如你果然能办到，就免你一死；如若不能，将从重治罪，决不宽恕！"曹植说："乞求你命个题目。"这时殿上悬挂着一幅水墨画，画的是两头牛斗于土墙之下，一头牛坠井而亡。曹丕指着画对曹植说："你就以此画为题吧。诗中不许犯着'二牛斗墙下，一牛坠井死'字样。"曹植行七步，其诗已成。诗写的是："两肉齐道行，头上带凹骨。相遇块山下，郊起相搪突。二敌不俱刚，一肉卧土窟。非是力不如，盛气不泄毕。"曹丕和手下大臣都非常惊讶。曹丕又说："七步成章，我认为还是太迟。你能不能应声而作诗一首？"曹植说："也请你出个题目。"曹丕说："我和你乃是兄弟，你就以此为题吧。但诗中也不许犯着'兄弟'字样。"曹植不加思索，即口占一首曰："煮豆燃豆萁，豆在釜中泣。本是同根生，相煎何太急！"曹丕听了后，潸然泪下。母亲卞氏这时也从殿后出来，说："你做哥哥的怎么逼迫弟弟这么紧呢？"曹丕慌忙离开座位告母亲说：

"国家法律制度不可以废呀。"于是将曹植贬为安乡侯。曹植拜谢上马告辞而去。

这个故事显示了曹植的才华横溢,在其兄不顾手足之情的紧要关头,能够面无惧色、不受影响地运用自己的聪明才智化险为夷,抵制了哥哥的残酷迫害,保全了自己的性命。但这毕竟是用小说的写作笔法虚构的情节,是为了塑造两个对比鲜明的人物形象,并不足以取信。除了《三国演义》,南朝宋刘义庆的《世说新语·文学》对这一事件也有简短的记载:"文帝尝令东阿王七步中作诗,不成者行大法;应声便为诗曰:'煮豆持作羹,漉菽以为汁。其在釜下燃,豆在釜中泣。本自同根生,相煎何太急!'"虽则两部书中的记载相类,但是《七步诗》仍然真假难辨。检索正史,有关曹植、曹丕的记载均无此说。这个故事很有可能是后人为了凸显曹植的文才,不平于曹丕对曹植的迫害杜撰出来的。

曹植是曹操的第三子,与曹丕同为卞夫人所生。他的一生大致可以以曹操的去世为界,分为前后两个阶段。他出生时,正值乱世,直到建安九年,曹操消灭了袁绍,挟天子以令诸侯,才使北中国大体统一。幼年的曹植一直生活在富有浓厚政治、文学氛围的家庭中,父亲曹操是个集军事家、政治家、文学家于一身的杰出人士,他的周围,又有一批富有才华的文臣武将、文人墨客,这些对曹植来说,无疑创造了对成长有利的客观条件。曹植本人也很早熟,10岁就能背诵诗文与辞赋,写一手漂亮文章,颇得其父曹操的欢心。邺城铜雀台落成之际,曹操特命诸子登台,各自为赋,结果曹植第一个交卷,且极富文采,令曹操十分惊讶。曹植还多才多艺,不仅长于书法、善于绘画,还熟悉乐曲,爱好舞蹈、击剑,这对他的文学创作有很大裨益。

曹植青年时,曾多次随父从征,他在《求自试表》中曾写道:"昔从先武皇帝,南极赤岸,东临沧海,西望玉门,北出玄塞,伏见所以行师用兵之势,可谓神妙也。"其实,曹操对他也寄予厚望,徙封临淄侯那年七月,曹操征孙权，命令曹植典禁兵，留守邺都宫省，临行前曹操语重心长地对他说："吾昔为顿丘令，年二十三。思此时所行，无悔于今。今汝年亦二十三矣，可不勉与!"言语间流露出父亲对儿子的殷切期望。

从征之余，曹植更多的是参与一些集体的文学唱和活动。当时曹操周围集中了一批文人雅士，他们常与曹操父子以诗酒唱和，在与文人们聚会时，曹植常常"不治威仪，舆马服饰，不尚华丽"，没有盛气凌人的架势。有一次曹操派邯郸淳去看望曹植，曹植非常高兴，洗澡化妆，亲自跳起少数民族的舞蹈，跳丸、击剑，朗诵诗歌，以示欢迎。完毕之后才更换衣服，整理仪容，坐下来与邯郸淳谈话。谈话内容上至三皇五帝，下至时事、政治、经济、军事、文学无所不包。邯郸淳回去之后赞叹曹植为"神人"。曹植能与文人们以诚相待，颇得他们好感。不过，曹植也有他性格的另一面，他常"任性而行，不自雕励，饮酒不节"，建安二十四年曹操任命曹植为南中郎将，行征虏将军，解救曹仁。可他酩酊大醉，不能受命，曹操失望之余只能另派他人。他还酒后私开司马门，惹得曹操大怒，不仅杀了他的随从，而且从此对他"异目而视"。这些方面，多少也表现了曹植政治上的不成熟以及处理问题与待人接物的欠周全。

由于曹植文才过人，曹操曾一度试图让曹植成为他的继承人，在这个问题上，曹丕与曹植兄弟之间有着极大的矛盾与对立，双方不仅勾心斗角、互争宠信，且各自手下谋士也极力互相攻讦。曹操有感于曹植在政治上的不成熟，最终决定立长子曹丕为太子，致使曹植从此受挫，惨遭迫害，成为中国历史上兄弟相残的典型。

曹操撒手西归后，曹丕登上皇位，曹植从此开始了人生历史的第二个阶段——由昔日父王庇荫下的豪奢公子，成了时时受兄长忌恨、施压的"惊弓之鸟"。他陷入了极为困顿的境地。曹丕死后，曹叡即位，曹植的境况并无改观，这期间，曹植曾数次上书，请求能被召见起用，却始终杳无音讯，由于他的特殊地位，无人再敢同他交往。致使他晚

年基本处于与世隔绝的状态，只有仆役服侍左右，每天面对着妻子，想要高谈阔论，却无人能懂，最终在郁郁寡欢的境遇下含恨而亡，终年41岁。

曹植从来不把自己当作纯粹的文人，他对政治和文学的态度是很鲜明的。他的一生都把对政治理想的追求放在首位，而文学则始终处于"退而求其次"的尴尬境地。他在《与杨德祖书》一文中说，文章是"辞赋小道"，认为文学创作不能"揄扬大义"，又不足以"彰显来世"。理想和现实往往是有差距的，这一点在曹植身上表现得尤为突出。曹植终其一生都未能施展他"戮力上国，流惠下民，建永世之业，流金石之功"的政治抱负。反而在他看不起的文学创作领域，作出了卓越的成绩。"三曹"中，曹植的文学成就历来最为人们所认可。谢灵运曾盛赞道："天下才有一石，曹子建独占八斗，我得一斗，天下共分一斗。"说法虽有些夸张，但曹植的才气可略见一斑。钟嵘《诗品》也评曹植诗曰："骨气奇高，词采华茂。"另外，我们拜读曹植诗作也能感知其非凡文才。

曹植的诗歌，可以说是他一生实际遭遇与心态的真实记录，诗章展示的是他对人生的感慨、对世态炎凉的感受、对社会现象的揭露。他的诗歌作品，从艺术上说，继承了《诗经》、楚辞、汉乐府的创作精神，并在此基础上加以创新，使五言诗得以奠定基础，且有所发展与提高。毫无疑问，在建安诗人中，曹植是创作力与艺术表现力均堪称上乘的杰出代表。

他的诗歌前期与后期在内容上有很大的差异。前期诗歌可分为两大类：一类是表现他贵公子的优游生活；一类则反映他"生乎乱、长乎军"的时代感受。前一类作品有《斗鸡》、《公宴》、《侍太子坐》等，描写游乐宴享之事，内容比较空虚浮泛。后一类作品有《泰山梁甫行》、《送应氏》等。《泰山梁甫行》描写了滨海地区人民的困苦生活，表达了诗人对下层百姓所怀有的同情。《送应氏》二首，作于建安十六年随军西征途经洛阳时。诗中除叙述友情外，着重写了东汉皇都洛阳在战乱以后"垣墙皆顿擗，荆棘上参天"的残破荒凉景象以及诗人内心的激动，反映了汉末军阀混战所造成的社会大破坏，具有较强的现

中国古代著名诗人

实意义。

后期诗歌，主要抒发他在压制之下，时而愤慨，时而哀怨的心情，表现他不甘被弃置，希望用世立功的愿望。其代表作有《野田黄雀行》、《赠白马王彪》、《七哀诗》、《怨歌行》、《吁嗟篇》、《杂诗》第六首。《野田黄雀行》大约作于曹丕即位之初，诗中以黄雀上遇鹞鹰、下逢罗网，来比喻他的好友丁仪被曹丕所杀。《赠白马王彪》是其一篇力作。诗作于黄初四年，其年五月，诸藩王俱朝京师洛阳，任城王曹彰在洛阳突然死去，七月诸王还国，曹植与（白马王）同路，又被监国使者所禁止，诗人"意毒恨之"，愤而成篇，以赠别曹彪，诗分七章，先写离开洛阳返回封地时途中情状，又写对已故曹彰的怀念和对即将分离的曹彪的惜别之情。诗中愤怒斥责监国使者是"鸱枭"、"豺狼"、"苍蝇"，实际上将矛头指向了曹丕。诗中安慰曹彪不要过于悲伤，"丈夫志四海，万里犹比邻，恩爱苟不亏，在远分日亲"。整篇作品既表现了深沉的悲痛，又不流于悲伤绝望，写得情真意切，感人至深，是曹丕作品中难得的具有较明显的反抗意味的作品。《七哀诗》使用以夫妇比君臣的手法，诉说自己被长时间弃置勿用的愁思。

曹植创作的辞赋，在数量上仅次于诗，他"少而好赋，其所尚也，雅好慷慨"。在辞赋的内容上，他主要表现了人生情感思绪，一改汉赋歌功颂德的旧貌，作品所述，大多为序志、述怨、咏物、感时或描写男女恋情。早年，曹植曾以一篇《登台赋》令曹操和当时文坛震惊，充分显露了他的非凡文才。不过，《登台赋》并不代表曹植辞赋的主调，其内容主要是歌功颂德。而比较能代表他早期思想与人生观的赋作是《七启》。这是一篇"七发"体作品，它借用两个虚构人物，展现了建安时代文人思想的对立与斗争，形象地阐发了儒、道传统观念，篇末以儒家功利主义战胜道家无为思想而告终。曹植的另一些作品，如《归思赋》、《释思赋》、《叙愁赋》等，比较典型地反映了他的实际思想与感情，体现了他的辞赋作品的主调。曹植有不少因大自然美景触发灵感而欣然驰笔的赋作，如《感节赋》描画了明媚春天的无限春色；《大暑赋》记录了赤日炎炎的酷暑情景；

《秋思赋》透出了弥漫于秋日的萧瑟凄凉氛围。这些赋作以生动传神的妙笔，传达了作者对四时景象变化所生发的感受，喜怒哀乐跃然纸上。

曹植还有不少咏物赋，"应物斯感，感物吟志"，它们虽然篇幅短小，却能以小寓大，寄寓作者丰富的情感和讽喻、感慨。如《神龟赋》，借对神龟不幸遭遇的描写，吐露对才士不受重用、惨遭杀害的愤慨；《蝉赋》，以蝉喻己，以对蝉心理活动的巧妙勾画，展露作者身处困境、备受摧残的真实景况；《白鹤赋》、《鹦鹉赋》等，以鸟、虫形象作譬喻，给读者留下深刻印象。

特别值得一提的是曹植的两篇代表赋作：一篇是仿屈原作品而作的《九愁赋》，全赋以屈原身世经历起笔，通过描述屈原的悲惨遭遇，联系自己，借古讽今，赋的结尾，表达了自己如同屈原一般的志向与气节——"民生期于必死，何自苦以终身！宁作清水之沉泥，不为浊路之飞尘"，发出了与屈子同悲的心声；另一篇即是历来脍炙人口的代表作《洛神赋》，此赋倾注了曹植心中的爱与恨，是一篇被誉为"明珠"的佳作，全赋以宋玉《高唐赋》、《神女赋》题材为内容，通过人神恋爱的悲剧，反映与表现男女爱情的悲欢离合，尤其是那段描摹洛水女神丰姿神韵的文字，被历来文学史著作奉为绝妙文辞。

很明显，曹植是在继承屈原、宋玉、枚乘等人风格基础上，对传统辞赋作进一步的开拓与发展，从而开创了具有自己独特风格的辞赋模式，对辞赋文的变革与发展，起到了重要的促进作用。具体地说，他的创作摆脱了汉赋的束缚，克服了汉赋一味追求宏大体制、堆砌辞藻的弊病，力求在短小的篇幅中融入生动活泼的内容和丰富的情感，且风格多样，语言精美，在辞赋发展史上占有重要地位。

曹植的散文今存七十多篇，它们包括章、表、书、论、令、文、序、说等多种文体。在这些文体中，以书和表两类最为突出，刘勰说曹植的表"独冠群才"，而曹植的书札更是建安文人书札中的珍品，极富文学价值。

四、非御用文人——建安七子

建安是汉献帝的第二个年号，只有二十五年的历史。后来曹丕称帝，改变国号，建安的年号也就不存在了。从建安初年起，到建安二十二年止，这一时期北方有几个文人，先后被曹操所辟召，在幕下作僚属，其中有六个人在文学上有突出成就，并和"三曹"一起影响后来的文学。这六个人连同孔融一起，被称作建安七子。曹丕《典论·论文》载："今之文人：鲁国孔融文举、广陵陈琳孔璋、山阳王粲仲宣、北海徐干伟长、陈留阮瑀元瑜、汝南应玚德琏、东平刘桢公干，斯七子者，于学无所遗，于辞无所假，咸自以骋骥于千里，仰齐足而并驰。"

七子之中，孔融最年长，也最为世人所熟知。"融四岁，能让梨"的故事至今仍家喻户晓。不仅如此，《后汉书·本传》称孔融"幼有异才"。10岁那一年，孔融随父亲来到都城洛阳。当时河南尹李膺名声极大，但他从不轻易接待宾客，不是当世的名人或者世交子弟一概不见。士人们把能被他接见比喻为"登龙门"，其难可见一斑。当时孔融还是个孩子，却偏要见李膺，他对李府的守门者说："我是李君的世交子弟，烦请通报一声。"李膺请他进来后，看了看，疑惑地问道："你的祖父或是父亲与我家有交情吗？"孔融答道："是的，我的先祖孔子与您的先祖老子互相欣赏对方的品德，曾经互为师友。从那里算来，我与您算得上是几世累积的世交呢！"在座的客人听了无不惊叹，称赞他小小年纪竟如此聪慧，是个"异童"。李膺也不禁称赞他日后"必为伟器"。

孔融刚直耿介，一生傲岸，不拘儒家礼教，其言论行为常有出格之处。他时常不穿官服，不戴头巾，便装出行。在孔融心中，所谓孝道也是不足守的，他甚至说："父亲与子女有什么可亲呢？就其本质来说，不过是情欲的产物罢了！子女与母亲的关系，不

也是如此吗？就像寄存在瓶子里的物品，出了瓶子也就没什么关系了。"这种离经叛道的言论，很难相信是出自孔子的二十世孙之口。

在许昌，孔融常常发表议论或写文章攻击嘲讽曹操的一些措施。太尉杨彪因与袁术有姻亲，曹操迁怒于彪，打算杀他。孔融知道后，顾不得穿朝服就急忙去见曹操，劝说他不要乱杀无辜，以免失去天下人心。并且声称："你如果杀了杨彪，我孔融明天就撩起衣服回家，再也不做官了。"由于孔融的据理争辩，杨彪才得以免去一死。

建安九年，曹操攻下邺城，其子曹丕纳袁绍儿媳甄氏为妻，孔融知道后写信给曹操说："武王伐纣，以妲己赐周公。"曹操问他事出何经典，孔融回答道："以今度之，想当然耳。"当时连年用兵，又加上灾荒，军粮十分短缺，曹操为此下令禁酒，孔融又一连作书加以反对。曹操对于孔融也一忍再忍，只因当时北方形势还不稳定，而孔融的名声又太大，不便对他怎样。到了建安十三年，北方局面已定，孔融终被曹操所杀。

孔融的文学作品，流传下来的不多，其中诗歌仅存八首。其《杂诗》第二首抒写幼子夭折的悲痛，哀婉动人，不失为当时抒情诗中较好的作品。就其传世的作品来看，他的散文胜于诗歌。孔融散文的特色是以文笔的犀利诙谐见长，从前面提到过的孔融嘲讽曹操父子的书信就可略见一斑。他的两篇《难曹公表制禁酒书》也具有强烈的讽刺性。前篇历数古代哲王圣贤、文臣武将因酒成事，建立功业，得出"由是观之，酒何负于政哉"的结论。第二篇更是极尽讽刺揶揄之能事，曹操说酒可以亡国，非禁不可，孔融反唇相讥道：也有因妇人失天下的，何以不禁婚姻？临了干脆一针见血地揭出曹操的老底："疑但惜谷耳，非以亡王为戒也。"孔融在文中强词夺理，反对禁酒是毫无道理的，只能借以显示他跌宕的性格和犀利的笔锋，所以曹丕在称赞他"体气高妙，有过人者"的同时，也批评他"理不胜辞，至于杂以嘲戏"。

王粲被刘勰称为"七子之冠冕"。可见七子之中他的文学成就最高。王粲以诗赋见长，他的诗赋风格清丽，读后令人回味无穷。《初征赋》、《登楼赋》、

《槐赋》、《七哀诗》等是王粲作品的精华，也是建安时代抒情小赋和诗的代表作。明代人辑录其作品，编有《王侍中文集》流传后世。

王粲年少时就显示出博闻强识、过目不忘的本领。一天，他与人同行，路遇一碑，别人问他能否背诵这篇碑文，王粲看了一遍，当即背碑而诵，一字不差，随行者无不惊叹。又一次，王粲看人下围棋，棋盘不小心被掀翻，乱了棋局，王粲凭着自己的记忆，重新把棋局恢复。大家不信，另摆开阵势下起棋来，棋到半局，猛地用手帕盖住，让王粲用另一副棋子摆出来。王粲摆完，大家打开棋局一看，竟一子不差。

汉献帝西迁时，王粲也随之徙居长安，深得左中郎将蔡邕的赏识。当时，蔡邕才学卓著、声名远播，朝内官员无不敬仰，宾客盈门。有一天王粲来蔡邕家拜访，蔡邕听说王粲来了，慌忙出门迎接，匆忙中竟把鞋子穿倒了，成语"倒履相迎"即来自于此。看到大文学家蔡邕"倒履相迎"的只是个十几岁的孩子，且身材矮小、长相平平，众宾客十分不解。蔡邕对宾客们介绍说："这位是王龚的孙子，才华出众，我都不如他啊！我所有的藏书、文章，都要传授给他。"从此王粲成为蔡邕的传人。

王粲17岁时，朝廷选拔人才，授予他黄门侍郎的职务，王粲没有应诏。当时权臣董卓刚被剿杀，其手下大将李傕、郭汜等在长安作乱。为躲避战祸，王粲和族兄王凯赴荆州牧刘表处避难，在荆州住了十六年。直到建安十三年（208年）秋，刘表死后，其子刘琮接替父亲当上了荆州牧。曹操率大军征讨荆州，王粲利用亲戚关系，劝降刘琮，使曹操没用一兵一卒，便获取了荆州。王粲因此被曹操任命为丞相掾，赐爵关内侯，后又升为军师祭酒。建安十八年（213年），魏国建立后，又被任命为侍中。建安二十二年（217年）冬，王粲随曹操出征，第二年春天，在返回邺城途中因病逝世。

曹植、曹丕非常尊重王粲。生前常有诗赋往还；死后曹植亲作《王仲宣诔》以吊之，曹丕临丧亲吊。据传王粲生前高兴的时候，喜欢模仿驴叫，学完驴叫，才思格外敏捷。王粲

逝世的消息传来，整个建安文坛被震动了，为王粲举行隆重的安葬仪式后，不胜感伤的曹丕在王粲墓前说："仲宣平日最爱听驴叫，让我们学一次驴叫，送他入土为安吧！"随即率先模仿起了驴叫，和曹丕前来吊唁的才子们也一起学了起来。

阮瑀、徐干、刘桢、陈琳、应瑒五人，并附在《魏志·王粲传》后，但是语言较为简略。阮瑀、徐干是建安七子中飘逸不群的人物，他们身在尘世，心存江海，常有出世之辞。假如《三国志》有逸士传的话，说不定陈寿会把他们并入逸士之列的。阮瑀早年师事蔡邕，以战乱而蛰居，不涉世事，后为强力所追，不得已而出山。相传，曹操听说阮瑀很有才华，下令征召他。阮瑀不愿应召，怎奈曹操接二连三地召他，阮瑀没办法只好逃到山里，曹操听闻后居然下令焚山，阮瑀只得被迫下山应召。但心中颇愤愤不平，遂作歌以表己志："青盖巡九州，在西东人怨。士为知己死，女为悦者玩。恩义苟敷肠，他人焉能乱。"借以讽刺曹操寡恩薄德。阮瑀在曹操治下十余年，政治上无任何建树，文学上也无大成就。可见，他出山之后，于世事仍是不甚关心。

和阮瑀一样，徐干也无心仕途。史书记载，他"轻官忽禄，不耽世采"。他曾两次推辞曹操征召，后来之所以出仕，饥寒役使是主要原因。出仕曹操后，他虽然免却了负薪之苦，但仍有脱俗之志，他在文章中写道："有逸俗先生者，祸耕乎严石之下，栖迟乎穷谷之灿，万物不干其志，王公不易其好。寂然不动，莫之能俱。"

徐干并不热心于政治，而是潜心著述。时人王昶曾对徐干作过这样的评价："北海徐伟长，不治高名，不求苟得，澹然自守，唯道是务。其有所是非，则托古人以见其意，当时无所褒贬。"这与曹丕"独怀文抱质，恬淡寡欲，有箕山之志谓彬彬君子矣"的评价是一致的。

刘桢、应瑒均为曹操所征召。但二人的处世态度大相径庭，其表现也有很大差异。刘桢性疏狂，不拘礼法，仕曹时曾"以不敬被刑"，事情大概是这样的：一次，曹丕与一众人等宴饮作乐、诗酒唱和。大概是喝多了耍酒疯，非让甄夫人出来不可。其他人见此情景，都低下头来，避开嫌疑。只有刘桢大模大样地坐在那里看着甄夫人。此情此景正好被曹操看见，便以"不敬"之罪对他作出了惩罚。尽管如此，刘桢还是深得曹氏父子喜爱。他们出则令其随行，宴则邀其陪坐，吟咏让其奉和，亲密程度为一般人所不能及。刘桢少时贫居，长大后四处漂泊，能够有幸遇到明主，有如此礼遇，怎能不感恩戴德，一心拥护曹操呢？

同是拥护曹操，应瑒同刘祯却大不一样。应瑒早年四处漂泊，为人颇为世故。归曹之后，没有得到太多的重视。大概也因为如此，他的出场常伴以嬉皮笑脸，玩世不恭，很像汉武帝的宫廷弄臣东方朔。他的《西狩赋》、《驰射赋》铺张扬厉，盛赞曹操，但都是一些廉价的颂词。他自视怀才不遇的同时又失去了积极进取的勇气和信心。

较之上述六人，陈琳的经历更为复杂，事功思想也更加强烈。他前后三易其主，不一而终。为何进主薄时，何进欲招外兵诛宦官，陈琳直言劝谏，铺陈利害，并声言其"必不成功"。但是何进不纳忠言，引狼入室，最后丧生狼口。陈琳避难于冀州，袁绍用其为记室。后来袁绍议伐许都，要向曹操宣战，使陈琳作《为袁绍檄豫州文》声讨曹操，檄文言辞激烈，累数曹操罪恶，大骂曹操为"赘阉遗丑"。曹操当时正苦于头风，病恹恹地躺在床上，读罢陈琳的檄文，竟惊出一身冷汗，从床上一跃而起，连头风都痊愈了。冀州一战，陈琳被曹操所擒，曹操虽然责备他作檄文时辱及父祖，但爱怜其才，将他赦免，让他担任从事。因为陈琳善写檄文，曹操常常命他随军出征。曹丕、曹植两兄弟对他也是另眼相看，与他文字往来频繁。对于陈琳来说，三易其主皆能尽心竭力，假如没有积极进取的用世思想，恐怕是根本不可能的。

陈琳诗、文、赋皆能。诗歌代表作为《饮马长城窟行》，用乐府诗旧题，全篇以对话方式写成，乐府民歌的影响较浓厚，是最早的文人拟作乐

府诗作品之一。诗歌通过对修筑长城的士兵和他妻子的书信往返，揭露无休止的徭役给人民带来的深重灾难。全篇用对话形式来表现主人公的神态和心情，简洁生动。士卒和官吏的对话表现了战士们长期服役边地的辛苦，以及他们渴望回家的迫切心情；士卒和妻子往返的书信表现了古代劳动妇女和从军战士忍辱负重、互相关心、生死不渝的伟大情操。那种"生男慎勿举，生女哺用脯"的悲愤情绪，曾使多少读者为之潸然泪下。散文除《为袁绍檄豫州文》外，还有《为曹洪与世子书》等。他的散文风格比较雄放，文气贯注，笔力强劲，所以曹丕有"章表书记，今之隽也"的评论。辞赋代表作有《武军赋》，颂扬袁绍攻灭公孙瓒的伟业，写得颇为壮伟，当时亦称名篇。又有《神武赋》，是赞美曹操北征乌桓时军容之盛的，风格与《武军赋》相类似。

陈琳在动乱时世中三易其主，一定程度上表现了他对功名的热衷。这种热衷也反映在他的作品中。与"七子"中其他人相比，他的诗、赋在表现"立德垂功名"一类内容上是较突出的。

陈琳著作，据《隋书·经籍志》载原有集十卷，已佚。明代张溥辑有《陈记室集》，已收入《汉魏六朝百三家集》中。

中国古代著名诗人